U0429094

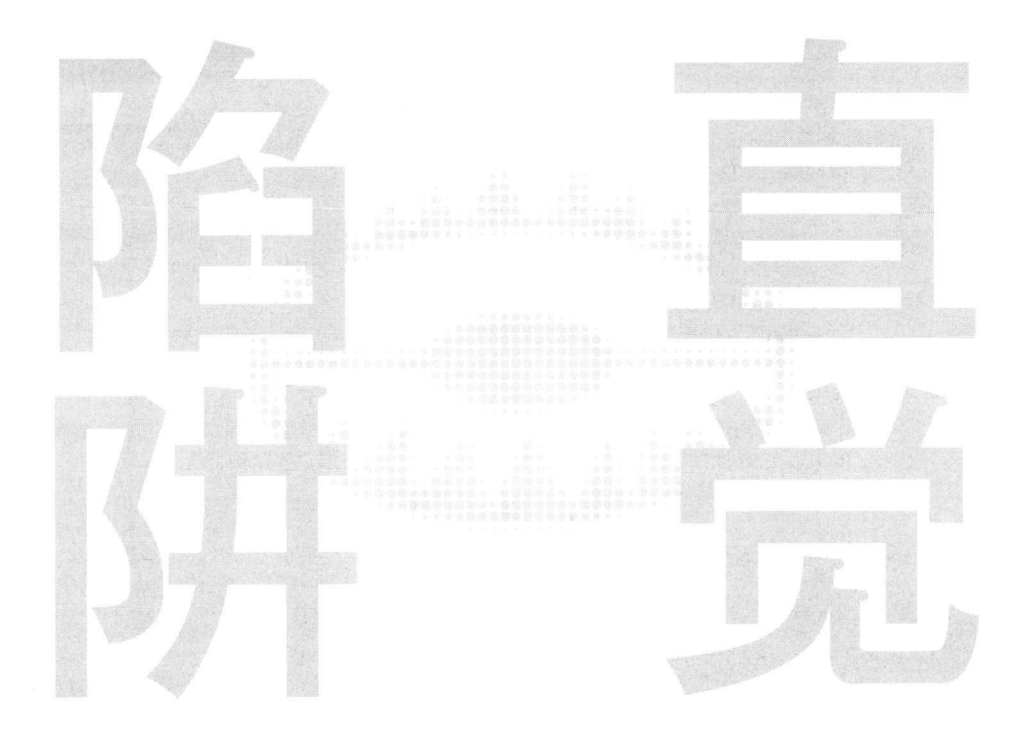

直觉陷阱

人际关系避坑指南

(美)格列布·齐珀斯基(Gleb Tsipursky) 著
郭晓薇 等译

The Blindspots Between Us

掌握底层逻辑，突破社交困局

How to Overcome Unconscious Cognitive Bias and Build Better Relationships

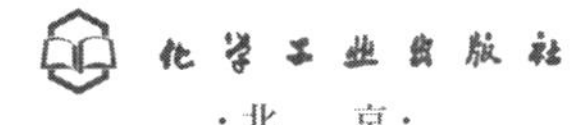

·北 京·

THE BLINDSPOTS BETWEEN US: HOW TO OVERCOME UNCONSCIOUS COGNITIVE BIAS AND BUILD BETTER RELATIONSHIPS BY GLEB TSIPURSKY, PHD., FOREWORD BY DAVID MCRANEY

ISBN 9781684035083

北京市版权局著作权合同登记号：01-2021-5088

图书在版编目（CIP）数据

直觉陷阱：人际关系避坑指南/（美）格列布·齐珀斯基（Gleb Tsipursky）著；郭晓薇 等译. —北京：化学工业出版社，2022.4

书名原文：The Blindspots Between Us:How to Overcome Unconscious Cognitive Bias and Build Better Relationships

ISBN 978-7-122-40777-1

I.①直… II.①格… ②郭… III.①人际关系学—通俗读物 IV.①C912.11-49

中国版本图书馆CIP数据核字（2022）第028661号

责任编辑：王　越　赵玉欣　　　装帧设计：尹琳琳

责任校对：田睿涵

出版发行：化学工业出版社（北京市东城区青年湖南街13号　邮政编码100011）

印　　装：北京新华印刷有限公司

880mm×1230mm　1/32　印张$5^1/_4$　字数111千字

2022年8月北京第1版第1次印刷

购书咨询：010-64518888　　售后服务：010-64518899

网　　址：http://www.cip.com.cn

凡购买本书，如有缺损质量问题，本社销售中心负责调换。

定　　价：59.80元

谨以此书献给我的

妻子、密友、生活伴侣和我一生中

最重要的关系对象——阿格尼丝 (Agnes)

序

不知你可曾注意到，有关人类心理学的书籍常营造一种恐慌的氛围，让人产生悲观之情——它们对我们的思维有什么问题着墨甚多，却很少明示我们如何去应对。本书在这一点上与众不同，这也是它的价值所在。

在过去十年左右的时间里，许多讨论人类非理性思维和行为的书籍成为畅销书，改变了我们看待自己、感受自己、谈论自己的方式。我们已经逐渐接受这样的现实：人类大脑天然带有缺陷和偏差；所谓“现实”也是主观的，我们在社交媒体上浏览的新闻和传播的观点都经过了挑选和过滤。不过，作者们谈到这里往往就戛然而止，留下茫然的读者困扰着：我们该怎么办呢?

答案就在你手中的这本书里。格列布·齐珀斯基博士在对认知偏差的讨论中开启了一个少见的话题——如何“去除偏差”。在本书中，齐珀斯基博士向我们表明，在即将到来的时代里，我们不必再为那些不理性的做法而无奈，科学家和科普工作者充满乐观和希望，并愿助人一臂之力。

的确，在你阅读文章标题时，很难在脑中删除证实偏差；被堵在路上时，很难防止自己产生基本归因偏差；看到让人印象深刻的美髭和光可鉴人的皮鞋时，也很难不陷入晕轮效应的魔咒。但在本书中，你将学会训练自己关闭直觉的“自动驾驶”系统，让自己停驻片刻，反省、慎思、预测如何作出更好的决定，如何建立更健康的关系，以及如何更合理地欣赏鞋子和胡须。

在我们所处的时代里，了解人类共有的这些自然、正常、固有的心理绊脚石比以往任何时候都更为重要。只有对此达成深刻了解，我们才能在建构组织、安排私人生活时考虑到认知偏差的影响，而不是固执地假装自己一贯谨慎、理性、富有逻辑。正如你在本书中即将读到的，对于迄今为止发现的每一种认知偏差，都存在一种策略可以避免其造成可能的伤害。我们可以制订游戏计划和练习，可以制作检核表，总结最佳实践方案，基于这些打造一套全新的操练大脑的指导手册。

为什么这种感觉如此新鲜和令人兴奋？为什么这本书早不问世？因为该领域的研究是全新的，所得发现也是新鲜的——早先的书只能解释当时已知的事，除了对不合理的想法、信念和行为进行归类外，在解决问题的策略上我们还知之甚少。我自己的工作也是促进人们在此方面的认知，一直以来，我都在告诉任何愿意听我说的人，虽然人类确实有能力用理性和批判精神有分寸地应对复杂的问题，但我们往往没有真的达到这一理想状态——我们是有认知偏差的，却往往不自知，还对自己的表现充满不应有的信心——所以在你做出可能引发悔恨的决策之前，请默念这一点。

我想不出比格列布·齐珀斯基更合适推动这场对话的人。他不仅是一位行为科学教授，所从事的工作的确也让他堪称“避灾专家”。在与各类组织合作的二十年间，他帮助人们避免在理解现实的过程中出现灾难性的偏差，并基于这些经验创作了大量的演讲、书籍和文章。他致力于探索这些偏差的种类，深知一旦你运用科学的方法，就完全可以避免它们。这本书里，他在每一章都揭示了当我们成为认知偏差牺牲品时，所能做的不仅是解释头脑中正在发生的状况，还可以更积极主动地、有意识地纠偏。这在重要的情境中，如人际关系情境中，尤为关键。

请翻开这本书，握住格列布的手，进入一个关于决策心理学的新领域。在这里，你可以轻松地以各种方式重新安排自己的生活，以避免落入大脑设下的陷阱，防止认知偏差对自己的学习、工作和生活造成混乱。

——大卫·麦克雷尼（David McRaney）

前 言

请扭头看看你的身后。我没开玩笑，请转过头去，看看身后。

这样做让你有什么感觉？可能脖子有些不舒服，对吧？你看见什么了呢？除非有猫头鹰的血统，否则你不能把脖子拧过180度，所以你所看到的身后的视野一定不是完整的。

对我们来说，身后是盲点，意味着危险，我们从小就学会了用扭头回望的简单动作来解决这个问题。你大概已经不记得自己是如何学会这样保护自己的了，但可能还记得驾驶教练在教你变道时，要求你不能仅依靠后视镜，还要亲自回头去确定——与身后的盲点不同，汽车后视镜的盲点并不明显，但无视它同样是非常危险的。如果我驾车时没有按教练的指示去这样做，可能此刻都没有机会坐在这里写书。在我的记忆中，我有好几次因为在高速公路变道时回头扫视盲点，得以幸免于灾难性的车祸。

不幸的是，我们的头脑中也隐藏着这样的盲点，学者们称之为“认知偏差”。它们往往会损伤人际关系和生活的很多方面，可是却没有教练教我们如何解决这些问题——这是为什么呢？因为有关心理盲点性质及危害的研究还相对较新，心理学、行为经济学、认知神经科学等相关领域的学者每年仍在提出越来越多的认知偏差类型。到目前为止，已被发现的有一百多种，随着更多信息的出现，这个数字还在增长。过去几年中，在“纠偏（debiasing）”（减少或消除认知偏差的做法）方面涌现出更为前沿的学术研究成果，我们由此获得了许多解决心理盲点的新技术。

一般而言，一个研究领域发展成熟到可以向公众进行科普宣传的程度，需要等上几十年的时间，可在我看来，这样等待是不道德的。每天都有人因为陷入认知偏差而遭受不同程度的痛苦，由此产生的误解和错误导致恋人、朋友、家人、同事和社群成员之间关系受损甚至破裂。从社会层面来看，认知偏差也在发挥破坏作用，一些严重的群体极化和敌对事件往往都源于人们没有意识到人际心理盲点，对其恶劣后果未加防范。

可悲的是，关于应该如何与人打交道（无论私人关系还是工作关系），传统的建议总是“跟随直觉”——你一定听过这种说法，类似的还有“相信你的直觉”“表现真我”或“跟着感觉走”。然而，这样的建议与关于大脑神经的最新研究并不相符，没有考虑到大脑的基本构造决定了我们必然会犯主观认知上的错误。每当我看到有人受“跟随直觉”之类的不靠谱建议的影响，做出一些伤害原本美好的人际关系的举动时，就深感沮丧、悲伤和愤怒——也许他们表现得像“真实的自己”，以为搬起的石头是件利器，没想到只能砸到自己的脚和自己的人际关系。那么，为什么人们爱听这样的建议？因为它听起来让人感觉良好，所以我们的直觉深受吸引。然而遗憾的是，直觉适应的只是远古时代的稀树草原，而不是现代世界的环境。若想拥有和谐美好的人际关系，就不能追随原始本能，而是要利用文明的积累，试图弥补人类思维固有的缺陷。

因此，我写了这本关注人际互动中认知偏差的书。与绝大多数类似主题的著作不同，本书真正的价值在于，可以让你学习基于最新研究成果的“纠偏”技术，帮助你免于作出危险的、失误的判断，营造美好的人际关系。

在阅读本书时，应按原本的章节顺序，因为每一章都建立在前一章的基础上，前面章节中提到的概念，后面的章节将不会再解释，因此我强烈建议读者从头到尾阅读本书，而不是随便翻到哪里看哪里。

你会看到我在整本书中多次提到：我强烈建议你在遇到练习的时候就去完成它。对于这一点，我是非常认真的——这就是为什么我要在“强烈”二字下面用着重号。这些练习部分不是可有可无，也不是随意取用的。纠偏研究表明，仅仅知道这些心理盲点，并不能有效地预防它们出现。我们需要确认：①认知偏差在何处影响人际关系；②认知偏差如何在过去、现在、未来伤害我们；③解决这些心理盲点的具体计划。我们设计书中练习的出发点就是为了完成上述三个步骤。只是轻松地阅读，不做练习，是没有效果的。

让我们开始学习如何保护自己和人际关系免受心理盲点的影响吧。在第一章中，我们将探讨有关大脑结构的最新发现，讨论为什么人们存在认知偏差及解决这些偏差的有效技术。

目 录

第一章 用直觉处理人际关系可靠吗？…… 001

我们如何作决定？ …………………………………… 002

自动驾驶系统——随心所欲的大象 ………………… 004

意识系统——机敏的大象骑手 ……………………… 005

我们需要直觉还是觉知？ ………………………… 007

直觉常常有用 ……………………………………… 007

直觉常常有偏差 …………………………………… 008

纠正偏差的12种方法 ……………………………… 009

第二章 为什么人们喜欢“贴标签”？…… 025

“双标”也许是本能 ………………………………… 027

基本归因偏差 ……………………………………… 027

纠正基本归因偏差 ………………………………… 029

一竿打翻一船人 …………………………………… 031

群体归因偏差 ……………………………………… 031

纠正群体归因偏差 ………………………………… 034

门缝看人扁 ………………………………………… 035

终极归因偏差 ……………………………………… 035

纠正终极归因偏差 ………………………………… 036

第三章　我比别人更机智吗？………………… 039
“大家都先听我说” ………………………………… 041
虚幻优越感 ………………………………… 041
消除虚幻优越感 ………………………………… 045
“我可不能比你差” ………………………………… 047
社会比较偏差 ………………………………… 047
纠正社会比较偏差 ………………………………… 049
不是故意要甩锅 ………………………………… 051
自我中心偏差 ………………………………… 051
纠正自我中心偏差 ………………………………… 052
“无缘无故”的苛待 ………………………………… 054
尖角效应 ………………………………… 055
消除尖角效应 ………………………………… 057
“莫名其妙”的欣赏 ………………………………… 059
晕轮效应 ………………………………… 059
消除晕轮效应 ………………………………… 062

第四章 为什么说不通又哄不好？………… 065

“你到底什么意思” ………………………… 067

透明度错觉 ………………………… 067

打破透明度错觉 ………………………… 070

站着说话不腰疼 ………………………… 073

知识诅咒 ………………………… 073

打破知识诅咒 ………………………… 075

“大家都会支持我” ………………………… 076

虚假共识效应 ………………………… 076

消除虚假共识效应 ………………………… 078

“这有什么大不了” ………………………… 080

共情鸿沟 ………………………… 082

跨越共情鸿沟 ………………………… 083

第五章 为什么劝不动又争不过？………… 087

“不差我一个” ………………………… 088

旁观者效应 ………………………… 088

破解旁观者效应 ………………………… 090

凡事只往好处想 ………………………… 092

乐观主义偏差 ………………………… 094

纠正乐观主义偏差 ………………………… 097

泼冷水的乌鸦嘴 ………………………… 100

悲观主义偏差 ………………………… 100

纠正悲观主义偏差 ………………………… 102

“别教我做事” …… 106
抗拒心理 …… 107
应对抗拒心理 …… 110
专家的话可靠吗 …… 112
权威偏差 …… 112
克服权威偏差 …… 114
对明显的事实视而不见 …… 117
雄辩达人应对指南 …… 117
认清事实五步法 …… 119
参考文献…… 124
专业词汇表…… 139
后记…… 144
致谢…… 147
译者后记…… 149

第一章

用直觉处理人际关系可靠吗?

经常有人建议我们要跟随并信任自己的直觉，并认为在人际交往中，这一点尤为重要。我们往往会听从这样的建议。

我们根据直觉选择终身伴侣，并相信“真命天子”就是会让自己的心怦怦直跳的那位；我们根据直觉挑选朋友，选择能与自己一拍即合、轻松畅谈的那位；我们根据自己是否会天然地喜欢对方来判断谁可以做我们的合作伙伴或雇员，谁更值得信任。直觉告诉我们周围人是怎样的，我们由此来决定参加哪个社团、给谁投票、是否捐款——“啤酒测试”就是个例子，人们通过问自己更愿意与谁一起喝啤酒来决定支持哪位候选人。

然而可悲的是，仅跟随直觉行事往往会导致可怕的后果。数据表明，超过40%的婚姻以离婚告终（Raley, Bumpass, 2003），因为第一印象往往是错误的(Olivola, Todorov, 2010)，只因一见钟情就迈入婚姻殿堂导致了不幸。在与朋友的交往中，如果我们通过直觉来作回应，很容易造成沟通误会，引发不必要的争执，以至于感情受伤、友谊破裂……

我们在人际关系和其他生活领域容易做出一些系统的、可预测的错误判断，这被行为科学学者称为“认知偏差”(Ariely, 2008)。本章解释这一概念，并提供有效应对认知偏差的总体策略。后面的章节提供了对认知偏差的具体见解，比如它如何影响我们的人际关系，以及我们如何保护人际关系免受这些危险的错误判断的伤害。

我们如何作决定？

在研究生阶段，我曾从事一些教学工作。第一个学期时，部门主管把我叫到办公室，对我的教学表现提出了一些建设性的批评。当时，他的态度有点粗暴强硬——即使不满我给学生评分过高，也完全不必用“胆小怕事”这样的词来评判我。尽管我接纳了他的建议并立即深表谢意，但内心极不情愿！我的直觉冲动让我想对他怒吼，告诉他不该这样对待我，他所制定的评分准则从根本上来说就是漏洞百出的。我的脸涨得通红，握紧拳头，用尽一切办法努力克制情绪，以免自己吼出来，或者做出更糟糕的回应。最终，我还是适应主管的要求，改变了自己的评分风格，毕竟他是我的领导，而且我也很想保住这份工作。

类似的情况在你的生活中是否也出现过？当你的领导、客户、伴侣或朋友，带着友好或粗鲁的态度对你提出批判性意见时，那一瞬间你的直觉告诉你该如何回应呢？它是让你态度强硬地吼回去，还是蹲下来缴枪以求不杀，又或者用双手捂住自己的耳朵说“啦啦啦，我听不见”？

行为科学家们把以上三种回应方式分别称为：战斗、僵住和逃跑，也有人把它称为“剑齿虎反应”——这是我们的祖先为了应对远古热带草原上的威胁进化而来的直觉反应，使我们能随时准备好应对严重的生命威胁，包括与入侵的部落战斗、逃离雪崩，或是定在那里一动不动免得被剑齿虎发现。当我们的身体被压力激素（皮质醇和肾上腺素）冲击时，身体能量水平提高，心率加速，这种状态有利于我们应对那些客观物理世界中的威胁；但与此同时，流向大脑的血液也在减少，而这不利于我们做出明智的决策。

丹尼尔·卡尼曼（Daniel Kahneman）是这一研究领域的主要学者，凭借在行为经济学领域的相关研究获得了诺贝尔奖。他把心理过程分成两种，分别命名为系统一和系统二（Kahneman, 2011），但我认为用“自动驾驶系统”和“意识系统”描述更加准确。

表1　两种心理过程

自动驾驶系统	意识系统
·迅速、直观、感性； ·不需要有意努力； ·自动思维、感觉和行为习惯； ·大多能做出好的决策，但容易出现一些可预测的错误。	·有意识的、推理性的； ·需要有意努力来开启，耗费精力； ·主要用于学习新知识，运用理性和逻辑思维时； ·通过特定训练，当检测到自动驾驶系统出错时可以被启动。

自动驾驶系统——随心所欲的大象

自动驾驶系统受控于我们的情绪和直觉——我们由此对无论危险与否的日常状况做出即时反应（即战斗、僵住或逃跑）。这一系统使人类在早先的生活中幸存下来，但对于当代生活而言，它并不是那么适用——现在的我们虽要面对许多琐事和挑战，但这并不会对生命造成威胁，而自动驾驶系统却把它们看作“剑齿虎”，由此产生很多不必要的压力，损害我们的身心健康（Gigerenzer, 2007）。

此外，由直觉和情绪促成的即时判断通常让人感觉很“正确”，因为它们能让你迅速并果断地做出回应。事实上，如果我们处在类似于人类祖先生活的热带草原环境中，本能反应往往是正确的。例如，当飞来的棒球看上去要砸中你的脑袋时，你不会慢慢思考自己是否应该躲开——站在原处也许会被击中，也可能不会，但躲一躲总没错；看到有儿童溺水，直觉冲动会让你挺身而出、施以援手。在原始热带草原上，这么做的意义在于延续部落的血脉，而在当代社会的紧急情况下，凭直觉去听从权威的命令和指挥，也许仍是不错的选择。

然而不幸的是，在大多数情况下，仓促做出的判断往往是错误的。在那些不同于早期热带草原的环境中，自动驾驶系统经常用惯性将我们引入歧途。为了维护人际关系，我们不得不更大程度地依赖意识系统。

意识系统——机敏的大象骑手

意识系统反映了理性思维，它在生理结构上以前额叶皮层为中心，这是大脑较晚进化出来的部分。最近的研究显示，前额叶皮层随着人类在更大范围的社交群体中生活而得到发展。意识系统可以帮助人们处理更为复杂的心理活动，比如调控个人与群体的关系、进行逻辑推理和概率估算、学习新的知识，以及习得新的思维与行动模式。与自动驾驶系统不同，意识系统需要有意努力才能启动，而且其活动过程是耗费精力的。值得庆幸的是，如果有足够的激励和训练，在自动驾驶系统即将出现误差（即认知偏差）时，意识系统就会开始工作。

我们往往认为自己是理性的思考者，自认为会经常使用意识系统，但事实并非如此。研究者们把自动驾驶系统比作一头大象——它更有力、更具支配性。情绪往往能淹没理性。直觉和习惯主导了人们生活决策的绝大部分，不得不承认，人们在日常生活中通常都处于自动驾驶模式——这不全是坏事，如果对每个行为和决定都进行理性的思考，人很快就会精疲力竭。

意识系统就像大象的骑手，它可以引导大象有意识地朝正确的方向前进（Haidt, 2007）。随着时间的推移，你可以借此改变自动化思维、感觉和行为模式，成为实现自己目标计划的卓越执行者（Heath, Heath, 2001）。

现实生活中有很多这样的例子。回想一下，当你面对一盒美味的点心时，控制自己不去吃第二块是不是很难？这种抗拒正是意识系统在利用其有限的资源（我们称之为意志力）来克服由自动驾驶系统所致的本能反应（Job, Dweck, Walton, 2010）——在热带草原的环境中，我们需要吃尽可能多的甜食。现在，这种进化的冲动仍然伴随着我们，尽管身边的甜食已经唾手可得；然而不幸的是，仅仅知道这一点是远远不够的，芝士蛋糕仍是我的致命弱点。

再回想一下最近的一场网络骂战，或者是你与他人的面对面争执——它们真的解决问题了吗？你说服对方了吗？如果没有，我一点也不惊讶。争论通常不会带来任何益处：一般情况下，即使我们赢得了争论，最终还是会损害人际关系。这就像搬起石头来砸了自己的脚，冲动之下损人害己，实在是不高明。

事后回想起来，我们可能会对跟人论战感到后悔——既然如此，当初为什么会卷进去呢？这是因为在不经意间，古老的“战斗”反应悄悄走上前台。与前面提到的我与教学主管的情形有所不同，这种情况的争论并不会马上造成伤害，因此，你放纵失控的大象，让它到处乱跑，让它闯入人际关系中的“瓷器店”，后果不堪设想（Banaji, Greenwald, 2016）。

我们需要直觉还是觉知?

直觉常常有用

的确，在某些情况下，直觉反应有助于一些与人际关系相关的决策；换句话说，听从直觉未必是个坏主意。如果你在某个主题上有丰富的经验，即在这个领域，你的判断接受过大量快速而准确的反馈，那么直觉就可以帮你捕捉到隐秘而有价值的信息，依靠客观衡量标准一般做不到如此灵敏。**我们的直觉善于总结规律**，对决策判断的即时反馈可以帮助我们提高对规律的识别能力，从而利于形成高质量的专业知识体系。因此，你如果花费大量时间和朋友相处，可能就会学会解读他们发出的信息，直觉不断得到校准，最终可以快速对他们作出反应。在热带草原，我们的祖先不得不依靠直觉来评价部落里的其他成员——你与朋友之间的关系就折射了过去的这种生存状态。

然而，不要相信那些说你可以区分谎言和真相的神话。已有研究表明，**我们并不擅长区分谎言和真相**，当然如果你受过专门的训练，这种说法或许就不适用了。研究指出，我们通常只能发现54%的谎言（Charles Bond Jr., Bella DePaulo, 2006），这个数字令人震惊，因为哪怕随机判断，我们也会发现50%的谎言。

总的来说，凭直觉行事从来都不是一个好主意，即使在你认为可以依靠直觉的情况下——最好还是把它作为潜在危险的预警信号，并认真地分析和评估具体情况。在不同的情境下，丰富的经验反而可能损害你们的关系。

直觉常常有偏差

在甜点的例子中，自动驾驶系统和意识系统之间的张力是显而易见的；在网络骂战和当面争执的例子中，两者的矛盾没那么明显，却也真实存在。学者们用“无自制力”（*akrasia*，希腊词汇）一词指我们不按照最佳方案来做事的现象（Mele, 1992）。换句话说，**我们的行为缺乏理性**，用行为科学的术语来描述，这种行为违背了我们自己的自我反思目标。

在陷入无自制力的状态时，我们很难认识到这一点。部分原因在于，意识到自己有两套独立的心理系统，这一点违背直觉，与我们的自我感知不一致——大脑感觉起来像是一个一致的整体，而不是分开的意识系统和自动驾驶系统。

让我们（在心理上）往后退一下，观察自己在读到这句话时有什么感受：*这句话的最后一个词标有下划线*。

为什么你会感觉不舒服？因为你正在同时使用意识系统和自动驾驶系统来处理你所看到的信息。当我们阅读时，主要依靠自动驾驶系统来识别文字内容。但这句话在“下划线”问题上表述错误[1]，你读到的内容和看到的内容不一致，于是我就打开了你的意识系统。

这是一个简单的例子，可以帮助我们认识到，我们以为所能看到的就是全部，但这是一种虚假的自我感知，由于人类的局限性，我们无法抓住关于自己的本质真相。也就是说，我们那个有意识的、能自我反思的部分，只是情感和直觉这头巨象上的小骑手；所谓整体一致的自我感知，只是一个让我们感觉舒服的幻象罢了。在第一次明白这个道理时，我也是大

[1] 最后一个词“下划线”没有用下划线的格式，而是用了斜体格式。—译者注。

吃一惊——认可它，并将其整合到对自己或他人的心智模型中，的确是需要时间的。

纠正偏差的12种方法

认知偏差虽然是进化的结果，但它在现代环境中通常并不能为我们带来多大益处，就像我们小时候习得的心理习惯不能适用于成年期一样（Del Giudice, 2018）。现有研究已经发现了一百多种认知偏差，总的来说分为四大类：对自己的不准确评估、对他人的不准确评估、对风险与回报的不准确评估以及对资源的不准确评估。本书将重点关注对他人的不准确评估，因为这会导致我们作出糟糕的决定，进而破坏人际关系。

在这本书中，我会基于当前的科学文献解释我们的头脑有多么“不靠谱”，但我们并不是毫无希望，人类的意识系统可以通过接受训练去发现那些由认知偏差引起的错误状况，同时纠正这些错误——虽然这并不容易，需要你养成许多未曾有过的思维习惯。但如果你想在现实生活中拥有良好的人际关系，那么付出一些努力也是值得的，对吗？

下面的内容会给你一些希望和鼓舞。我们将基于心理学、行为经济学、认知神经科学和一些其他学科的研究成果，介绍消除认知偏差的策略（Arkes, 1991），利用纠偏技术避免在人际关系和其他领域中因决策失误而导致糟糕的后果（Beaulac, Kenyon, 2014）；此外本书还将基于认知行为疗法提供一些实用技巧，帮助读者将纠偏的方法融入日常生活中，养成保护人际关系所需的思维习惯。

这些行为不属于认知偏差

在讨论消除认知偏差的策略之前，澄清与“危险的错误判断”相关的常见困惑是非常有必要的。

在学术文献和本书中使用的术语“认知偏差”不同于“偏见”。认知偏差是一种可预测的错误思维模式，它会导致你在人际关系和其他生活领域对事实产生误解，从而偏离真相。换句话说，从对个人最有利的角度来说，陷入认知偏差总是会降低我们得到想要的东西的可能性，进而有损于我们的生活。当认知偏差使我们基于性别、性取向、种族和其他特征而对人有过度积极或消极的看法时，它就会演变成社会偏见。

然而，尽管认知偏差有时会导致歧视性的思维和情感模式，但它与社会偏见是两个独立而又截然不同的概念。认知偏差是人类共有的，其表现具有共性，它与我们的神经回路有关；而社会偏见是不同社群之间的相互感知，我们有什么偏见取决于我们处于哪一个社群。例如，我们不会在意一个人是贵族还是平民，但这种区别在几个世纪前的欧洲是非常重要的。

认知偏差和认知扭曲也不是一回事。在认知行为疗法中，“认知扭曲”是一种用来解决抑郁和焦虑的工具（Helmond，2015），治疗师用它来描述由负面情绪导致的各种非理性思考模式，目的是帮助来访者意识到并且挑战这种模式。而认知偏差的错误属于判断范畴（而不是心境范畴），其中有些（如乐观主义偏差和过度自信效应）甚至会诱发积极的心境——但其后果往往是灾难性的，最终通常会让我们的心情变得很糟糕。在某些情况下，认知偏差也可能导致认知扭曲，例如习惯性地把小问题夸大成灾难可能导致焦虑和抑郁。但无论如何，认知偏差和认知扭曲都是两件完全不同的事。

最后，认知偏差不同于逻辑谬误。逻辑谬误是人们在争论中产生的推理性错误，通常是作为赢得争论的秘密策略。一个常见的例子是“采樱桃谬误”，即在庞大的证据库中，只挑选其中支持自己论点的小部分证据来说，忽视其余与自己论点相左的证据。相较之下，认知偏差是我们在作判断时容易犯的错误，不是为了赢得争论而选用的策略。

现在，认知偏差使我们很容易被逻辑谬论操纵——认知偏差也被称为注意力偏差，指我们通常倾向于关注环境中最能引发情绪的那部分内容，而忽视了大量可被有效利用的证据，陷入善辩者“采樱桃”的陷阱。因此，研究认知偏差的一个附带好处是，避免我们落入广告商等熟练的操纵者设下的圈套。

现在，让我们言归正传，来看看消除认知偏差涉及的具体方法。大部分纠偏技术都涉及从自动驾驶模式到有意识的思维模式的转换。

○ 识别认知偏差，制订解决方案

首先，我们需要了解自己可能会有的各种认知偏差，尤其是那些在我们既定的人格和成长环境下容易产生的偏差。但研究表明，仅仅知道认知偏差往往还不够（Lilienfeld, Ammirati, Landfield, 2009）。更有效的方法是评估认知偏差通常把我们引入哪一条痛苦的歧途，然后再制订具体的计划来解决这个问题。

这种方法很可能奏效，因为它能激发我们强烈的情绪——改变自动驾驶系统的习惯性本能很难，我们必须是真的想去做，真的不喜欢目前的情况，真心认可改变的必要性，我们需要以一种深刻而彻底的方式认识到这种危险的判断错误会真正伤害我们及我们的人际关系，认识到自己在私生活、职业和社会生活中的关键痛点都源于此；需要投入强烈的情绪作为动力；而简单地了解认知偏差并不会产生必要的强烈情绪（Cheng, Wu, 2010）。

然而，仅仅这样还不够——如果你仅有对自己体重的强烈不满，却没有切实的饮食和健身计划怎么行呢？现在，你要实现的目标是使自己的心理更健康，这和为了身体健康而做出巨大改变的过程一样艰难。

为了帮助你实现这项目标，本书的每一章都提供了练习。它们会带你思考每一种认知偏差在生活中引发的问题，以及如何计划解决这些问题，为保护和改善你的人际关系提供帮助。

○ 延迟决策和反应

从自动驾驶转向有意识的思维模式的最简单方法之一是推迟我们的决定和行动。给自己冷静下来所需要的时间和空间，做出更理性、更缓慢的反应（Graf, et al., 2012）。

我们的意识系统需要一两秒钟才能“打开”，而自动驾驶系统只需要几毫秒——但更强烈的唤醒反应需要20到30分钟才能平静下来。我们需要这段时间来启动负责休息和消化的副交感神经系统，同时让在战斗、僵住和逃跑等应对反应中被激活的交感神经系统冷静下来。

○ 使用“概率思维”

我们的自动驾驶系统本质上只认识“是”或“否”、吸引或厌恶、威胁或机会。这类问题可以通过意识系统应用概率思维评估现实来解决（Tetlock, 2017）。概率思维也被称为贝叶斯推理（Bayesian reasoning），它告诉我们要评估现实的可能性，并随着获得更多信息不断更新对世界的认知（Clemen, Lichtendahl, 2002）。

例如，当伴侣说出伤人的话时，我们的直觉反应是用刻薄的话来“回敬”。概率思维则让我们退后一步，评估伴侣想要伤害我们的可能性，或者是否发生了误解；然后寻找进一步的证据来更新关于对方是否有意伤害你的信念（Flyvbjerg, 2008）。

举个例子，当你在冬天调高空调温度时，如果妻子说：“哇，我们这个月电费好高啊！”你很容易把它理解为对你的攻击，然后说一些伤人的话作为回应。比如她已经失业了一段时间，一直没有找到工作，一个具有杀伤力（也是非常典型）的回应可能是——“嗯，如果我们有更多的收入，我们就不必担心账单有多少。”可以想象，一场争斗大戏即将上演。相比之下，概率思维会让你评估她有意伤害你的可能性，并在决定如何回应之前先寻找更多证据。因此，你可能会问：“你觉得电费高是因为我空调温度调得太高吗？”她可能回答：“这月电费大约是上个月的两倍，可是上个月你空调用电也不少。我想应该是电力公司弄错了。我明天给他们打电话问问。”——冲突得以避免（去年冬天我和妻子有过一次这样的对话）。

概率思维的一个关键点是利用我们目前掌握的关于某一现实的概率知识（即“基本概率”，也称“先验概率”）来评估新证据。我曾为银行的管理者做过一场关于如何使用纠偏技术来提高组织绩效的演讲，其中我谈到使用基本概率来决定如何最有效率地投入时间和精力指导下属。在一次练习中，我要求听众考虑他们以往的指导对下属的影响效果如何，然后比较他们现在的下属和以前的下属的素质，最后考虑相较于指导的成效，目前投入其中的精力是否得到了有效利用。

这里的“基本概率”指的是在管理者过去的经验中，为指导下属投入的精力与成效之间的比例关系。经过一番讨论，银行管理者们发现他们当前的指导行为与所估计的员工进步程度不匹配。事实上，他们大都花了太多时间去指导表现最差的人（平均占据了大约70%的时间），而基于以往的经验，指导下属的效果最容易体现在提高最优秀员工的绩效上。因此，管理者们决定不再将精力花费在指导绩效最差的下属上，而是考虑为其安排一名外部教练，即使会影响上下级关系，这样做也是值得的。

○ 预测未来

还有一种策略是对未来进行预测（Tetlock, Gardner, 2016）。假如你认为在节假日不去看望父母，他们就会生气，而且不接受你工作太累的解释，那么写下你的预测，然后针对预测内容和父母交流，看看它是否属实。如果并非如此，那你就需要更新对父母的心理模型。总的来说，时时更新对他人的心理模型对维持健康的人际关系至关重要。

○ 考虑其他解释

假如老板表现得很粗鲁，有些人可能将之理解为他在生自己的气，开始思考自己过去的表现，反省每一个细节，并让自己陷入一种灾难化思维的旋涡中，无法自拔。

在这种情况下，可以通过考虑其他解释来纠偏（Miller, et al., 2013）：也许老板心情不好，因为她的午餐玉米煎饼不合胃口；也许她很忙，急于满足顾客的要求，所以没有机会像平时一样和你聊天。对于老板的行为，除了“她在生你的气”之外还有其他那么多可能的解释。你还可以将此与概率思维结合起来，在当天晚些时候观察她在比较平静的状态下如何与你互动，并据此更新自己的理解。

○ 回想过去

你容易在工作会议上迟到吗？如果距离会议地点车程15分钟，你会不会卡点出门？那么万一你发现忘记带手机了怎么办呢？长期迟到会通过保持高皮质醇（一种压力激素）水平损害人际关系以及身心健康。回顾过去在某事上花费多长时间，以此确定这次你要预留多久——应该什么时候开始准备出发，才能使自己提前5分钟到达会议地点。这么做对改善人际关系和提升幸福感都有帮助（Kruger, Evans, 2004）。

你总是在和什么样的人谈恋爱呢？我的一位亲戚曾交往过很多可以操控她情绪的男友——他们被她吸引大概是因为她总散发出一种需要别人、不会反抗的气息。好在她的故事有一个好结局。在治疗师的帮助下，她审视了自己过去失败的爱情经历。她意识到，因为自己受不了独处，所以对情感操控逆来顺受，于是也吸引喜欢这样做的男人。通过反省过去的经历，她认识到自己需要提高独自生活的能力。虽然做到这点对她来说并不容易，但她还是努力让自己尽量多在亲密关系之外活动和体验，把独自生活纳入自己的舒适区。后来，她重新开始尝试约会。这一次，她既更善于避开那种可能操控她的男人，也更勇于结束任何带有情感操控性质的关系。通过反省过去的经历，并据此加以改善，她的亲密关系质量得以明显提升。

○ 设想场景重现

我们还要评估重大决策的长期效应，或者一系列重复决策结合在一起的长期效应（Sanna, et al., 2005）——上次你让丈夫去收好袜子的时候发生了什么？他照做了吗？是不是一天后你在同一个地方看到了更多袜子？这种模式一遍遍重复，会不会有一天你终于受不了，干脆自己收拾算了？如果是这样，为什么一开始要让他收拾？这样不会让情况变得更好，只会给你们带来更多冲突和悲伤。所以，更好的做法也许是：要么和他认真地谈一谈收拾袜子的事，要么就随他去，自己顺手做了。若一个场景重复出现，那就需要好好评估一下怎么做会更好，这可以极大地改善你的人际关系。

○ 换位思考

在评价一个人之前，先站在他的立场上考虑一下——事实证明，这种试图理解他人心智模式和所处情境的做法对纠偏非常有帮助（Galinsky, 1999）。我们往往低估了他人与我们不同的程度，这就是为什么“施人以己所欲”是黄金法则，而“施人以其所欲”是铂金法则。在人际互动中，我们不能仅考虑自己的需求，还要考虑对方的观点、关注对方的需求，这种纠偏策略将让我们收获更美好的人际关系。

○ 获得外部视角

你上次看到两个朋友或家人为一些不值得的事情争吵是什么时候？当你站在外部视角看待冲突时，会认识到争执对解决眼前的问题没有成效，甚至是有害的；而内部视角使我们看不到更完整的背景信息，所以会做出损害关系的决定。解决这个问题的建议是，从你信任的人那里获得外部视角，这可以帮助我们有效纠偏（Rose, 2012）。

○ 制定规则

在情绪高涨的时刻，我们可能很难推迟决策、考虑替代方案或践行铂金法则。然而，如果你制定了一个要遵守的规则，特别是通过使用决策辅助工具，就可以保护自己避免陷入危险的偏差。例如，读到让你生气的邮件，坚持在至少三十分钟内不做回复——在这个时间段内你可以离开电脑，在外面散散步，打开你的副交感神经系统，使你有足够的时间冷静下来。

通信软件中的“撤回”功能是一个很好的工具——如果你被情绪淹没，发送了一条充满怒火的消息，旋即又后悔，那么它允许你至少在点击发送后的几秒钟内取消发送（这个功能好几次挽救了我）。其他的工具还包括检查表、可视化的备忘提示……（Gawande, 2009）

○ 事先承诺

还有一个策略是对某些行为做出事先承诺，特别是公开承诺，并制定相关的问责机制（Tsipursky, Votta, Roose, 2018）。周围那些知情者会支持我们努力改变自己的行为，帮助我们进步。例如，一旦承诺要遵循一套道德准则，即使自动驾驶系统诱使我们选择捷径，我们也会更倾向于遵守承诺；假设你想通过避免打断别人说话来改善人际关系，那么可以与那些经常与你互动或被你打断的人分享这一愿望，同时请他们时常提醒你为实现目标负责。

○ 正念练习

研究发现，正念练习可以治疗许多问题，从疼痛到焦虑。现在，我们知道它也能帮助解决认知偏差（Hafenbrack, Kinias, Barsade, 2014）。

这很可能是因为延迟、意识和专注综合在一起发挥了作用。通过正念，我们更有能力延迟无益的直觉冲动，更能意识到什么时候我们会跟着直觉走，更专注于打开我们的意识系统。但由于它并不特别针对某种认知偏差，而是在整体上提高纠偏能力，我在后面针对具体偏差的章节中没有每次都重复它，但它适用于本书中描述的所有认知偏差，且每天只需十分钟。

对于那些不熟悉正念的人来说，呼吸练习是一个很好的开始。第一次可以空出三十分钟，坐在舒适的位置，深呼吸，吸气的时候慢慢数到五，屏住呼吸数到五，呼气，然后数五个数后再吸气。重复这个循环几次，直到你适应为止。在下一次吸气时，把注意力集中在空气流过鼻子的感觉上，完全专注于那种感觉，同时仍然保持缓慢呼吸的速度。吸气结束，屏住呼吸的时候，让注意力集中在你的鼻孔上，数到五，注意当没有空气流过时会有什么不同的感觉。然后，当你呼气时，再一次把注意力集中在流过你鼻孔的空气上。在吸气之前数到五，将注意力集中在没有空气流过的鼻孔上。在接下来的20分钟里，坚持这样呼吸五次，每当你的注意力从鼻孔移开时，记得把它带回来。

要建立这种习惯，首先需要做出承诺，每天用10分钟来做这件事。正念很重要，尤其是在一些意想不到的紧急情况发生时——那时我们会自认为完全没有能力正念，然而与直觉相反，这些日子里正念练习最能帮助我们避免错误，做出更好的决定。

然后你可以学习不同的正念方法，其中三种常用的是：专注于呼吸、专注于放下杂念、专注于身体感觉（Kabat-Zinn, Hanh, 2009）。在选择了最适合你的方法后，每天确定一个特定的时间和地点来练习，考虑一下你能用什么方法来记住并坚持这种做法，可以在日记或电子邮件中写下你的承诺，并与其他人分享这一计划。众所周知，新习惯是很难养成的。如果你走神了，要原谅自己，简单地把注意力拉回来即可。记住，这种正念练习可以改善你在所有生活领域的关系。

小结

以上策略源于对纠偏的广泛研究，也结合了我自己教练、咨询和演讲的经验。简单来说，它们是有效的！它们曾为我的关系创造了奇迹，包括在我一生中最困难的关系经历中。

我的妻子阿格尼丝在2014年7月因倦怠而经历了治疗师所说的精神崩溃，这给我们的关系带来了难以置信的压力。她出现了退缩性焦虑，并偶尔伴有抑郁发作。我的无心之语都会让她流泪。我记得有次问她："盘子干净吗？"她听到就哭了起来。天晓得是怎么回事。那天晚上，我们谈了近5个小时，直到凌晨3点才搞清楚发生了什么。原来是她的自动驾驶系统感受到压力，认为我的问话是在含蓄地批评她没有洗碗。

当然，这不是我的本意。当我们冷静讨论时，她的意识系统认识到了这一点，不再情绪激动、胡思乱想。那次深夜谈话是我们在接下来六个月中进行的无数次谈话之一，这样的事件几乎每天都在发生，有时一天不止一次。我无法用语言来形容当我发现自己熟识的妻子已经不在，内心是多么的不安、悲伤和沮丧，我的情绪对她来说更是雪上加霜。我仍然完全忠实于我们的婚姻，因此我们俩都知道这种情况必须改变了。

随着时间的推移，由于实施了许多纠偏策略——比如考虑对我的陈述的其他解释、用概率思维检查危险的现实和不切实际的焦虑想法，以及制定规则——我们的关系回到了正轨。事实证明，制定规则对我们特别有帮助：以前我们的互动都是随意的，但那时我们决定不再如此，而是采用高度结构化的互动方式，系统性地一次只谈论一个话题，这样她就可以预测每个话题并为其作好准备，不必像惊弓之鸟一样时时处于警惕状态，担心下面会发生什么。例如，我们以回顾当天发生的事件开始谈话，避免深入任何话题，尤其是任何涉及需要决策的话题。接下来，我们进入家务事议题，她可以为讨论菜肴或任何其他类似的话题做好心理准备。然后，我们讨论涉及关系相处方面的议题，如下周我们将如何共度时光，包括将具体的时间日期记录在共同的日历上。每天的对话都以类似的方式进行。

这听起来很尴尬吧？确实是这样，尤其在一开始时。然而，这远没有让阿格尼丝为我的无心言论哭泣那么糟糕。我坚信是这些策略挽救了我们的婚姻。从那以后，我的妻子康复了很多，这在一定程度上归功于这些策略。时至今日，我们仍保留了许多有助于保持关系稳定的策略。事实上，我们的关系比实施这些策略之前更好，因为这让我们更有可能留意到面临的挑战，并在关键时刻阻止它伤害我们。

这些策略在我与妻子的关系以及其他重要关系中创造了奇迹，而它们一定也适用于其他任何人——在我的读者、听众、被辅导和咨询过的组织和员工身上，这些纠偏策略都发挥了明显的功效。在接下来的内容中，你将了解他们的故事，以及每种认知偏差和具体的应对策略，你可以通过训练自己的思维来摆脱错误的模式，从而适应现代世界中的关系需求。

纠偏策略练习

请按照书上文本编排的顺序做这些练习，这样才能在最大程度上发挥这本书的作用。现在，拿出日记本，准备好出发吧！请花几分钟时间思考以下问题，并写下答案：

- 你将如何识别自己的认知偏差，并制订方案来解决它，最终解决关系中的认知偏差？具体来说，你将如何实施这一策略？你预计在实施中会遇到哪些挑战？你将如何克服这些挑战？你将使用什么标准来衡量自己是否成功实施了这一策略？如果策略实施成功，你未来的人际关系将会怎样？

- 你将如何通过“延迟决策和反应”策略来解决人际关系中的认知偏差？具体来说，你将如何实施这一策略？你预计在实施中会遇到哪些挑战？你将如何克服这些挑战？你将使用什么标准来衡量自己是否成功实施了这一策略？如果策略实施成功，你未来的人际关系将会怎样？
- 你将如何“使用‘概率思维’”来解决人际关系中的认知偏差？具体来说，你将如何实施这一策略？你预计在实施中会遇到哪些挑战？你将如何克服这些挑战？你将使用什么标准来衡量自己是否成功实施了这一策略？如果策略实施成功，你未来的人际关系将会怎样？
- 你将如何通过“预测未来”来解决人际关系中的认知偏差？具体来说，你将如何实施这一策略？你预计在实施中会遇到哪些挑战？你将如何克服这些挑战？你将使用什么标准来衡量自己是否成功实施了这一策略？如果策略实施成功，你未来的人际关系将会怎样？
- 你将如何通过“考虑其他解释”来解决人际关系中的认知偏差？具体来说，你将如何实施这一策略？你预计在实施中会遇到哪些挑战？你将如何克服这些挑战？你将使用什么标准来衡量自己是否成功实施了这一策略？如果策略实施成功，你未来的人际关系将会怎样？
- 你将如何通过“回想过去”来解决人际关系中的认知偏差？具体来说，你将如何实施这一策略？你预计在实施中会遇到哪些挑战？你将如何克服这些挑战？你将使用什么标准来衡量自己是否成功实施了这一策略？如果策略实施成功，你未来的人际关系将会怎样？
- 你将如何通过“设想场景重现”来解决人际关系中的认知偏差？具

体来说，你将如何实施这一策略？你预计在实施中会遇到哪些挑战？你将如何克服这些挑战？你将使用什么标准来衡量自己是否成功实施了这一策略？如果策略实施成功，你未来的人际关系将会怎样？

- 你将如何通过“换位思考”来解决人际关系中的认知偏差？具体来说，你将如何实施这一策略？你预计在实施中会遇到哪些挑战？你将如何克服这些挑战？你将使用什么标准来衡量自己是否成功实施了这一策略？如果策略实施成功，你未来的人际关系将会怎样？
- 你将如何通过“获得外部视角”解决人际关系中的认知偏差？具体来说，你将如何实施这一策略？你预计在实施中会遇到哪些挑战？你将如何克服这些挑战？你将使用什么标准来衡量自己是否成功实施了这一策略？如果策略实施成功，你未来的人际关系将会怎样？
- 你将如何通过“制定规则”来解决人际关系中的认知偏差？具体来说，你将如何实施这一策略？你预计在实施中会遇到哪些挑战？你将如何克服这些挑战？你将使用什么标准来衡量自己是否成功实施了这一策略？如果策略实施成功，你未来的人际关系将会怎样？
- 你将如何通过“事先承诺”来解决人际关系中的认知偏差？具体来说，你将如何实施这一策略？你预计在实施中会遇到哪些挑战？你将如何克服这些挑战？你将使用什么标准来衡量自己是否成功实施了这一策略？如果策略实施成功，你未来的人际关系将会怎样？
- 你将如何通过“正念练习”来解决人际关系中的认知偏差？具体来说，你将如何实施这一策略？你预计在实施中会遇到哪些挑战？你将如何克服这些挑战？你将使用什么标准来衡量自己是否成功实施了这一策略？如果策略实施成功，你未来的人际关系将会怎样？

下面的表格将帮你更好地梳理这些问题。

表2　12种纠偏策略

	如何实施	可能的挑战	如何克服挑战	衡量成功的标准	成功后对人际关系的改善
识别认知偏差，制订解决方案					
延迟决策和反应					
使用“概率思维”					
预测未来					
考虑其他解释					
回想过去					
设想场景重现					
换位思考					
获得外部视角					
制定规则					
事先承诺					
正念练习					

第二章
为什么人们喜欢“贴标签”？

想象一下，此刻你正开车去商店，脑袋里想着要买什么——你不会关注自己开车的动作，脑中的自动驾驶系统已经开启了。只有在学车的时候，你需要付出大量的有意注意；一旦学会，在通常情况下（比如没有恶劣天气或者走走停停的交通堵塞时）你都不必消耗心理资源来开启意识系统。一般来说，常规的、程式化的、习惯性的任务，比如开车、洗盘子、删除垃圾邮件等，还是由自动驾驶系统来负责比较明智。

再想象一下，当你开车时，有辆汽车出人意料地突然拐到你前面。你猛踩刹车，按鸣喇叭；你感到恐惧而愤怒，交感神经系统被激活，同时释放出皮质醇和肾上腺素；你的心跳加快，手心冒汗，一股热流穿过身体。

你对这位司机的直觉是什么？我脑中冒出的第一个念头就是他粗鲁而令人讨厌。

现在想象另一种不同的情景：你处于自动驾驶模式，思考着自己的事情，忽然意识到下个路口要右转，所以赶紧变道。突然听到后面有人鸣喇叭。你这才意识到刚才变道时太着急，竟然没有检查一下，结果就是很糟糕地冲到了别人的前面。

你认为自己是一个无礼的司机吗？我们大概不会这样觉得——自己不是故意的，只是没有看到而已。

最后，想象第三个情景：你的朋友受伤了，你急急忙忙开车送他去急救室，横冲直撞地抢到别的车前面。

你是个无礼的司机吗？你可能会否定，觉得在这种情况下自己做了正确的事情。

现在后退一步，来看看发生了什么——我们用三个不同的故事来理解同一件事。坦白说，我们不知道别的司机为什么抢道，但是会倾向于认为

“因为他们是混蛋”；然而当自己成为那个抢道的司机时，却不会认为自己有问题。**我们的大脑被一系列归因偏差影响**，这就是本章的主题。

“双标”也许是本能

基本归因偏差

为什么我们会对自己网开一面，却冠别人以恶名？为什么我们本能地把自己当成好人而把别人当成坏人？很明显，本能反应和事实之间是脱节的，**我们的即时本能反应将他人行为归因于个性而不是情境**。学者将这种倾向称为“基本归因偏差”（fundamental attribution error），也称为“对应偏差”（correspondence bias）（Gawronski, 2004）。这意味着，当我们看到某人举止粗鲁，立马会直觉认为他就是无礼的，而不会停下来想想，是否有什么特殊的情况导致他不得不这样做。用司机的例子来说，或许抢道的人没有看到你，也可能他正载着朋友去急救室，但这些都不是我们的自动反应。与此同时，**我们却将自己的行为归因于情境而不是个性**，大多数时候都相信自己的行为有合理的外部原因。

人类为什么存在这种错误的心理模式呢？从进化的角度看，在热带大草原上，要想存活下来，就需要快速做出判断，并且考虑到最坏的可能性，哪怕这种假设的精确性不高。而在现代社会，我们的生存不会随时被他人威胁，我们可能与陌生人发展长期的关系，那么这种反应无论是对个人还是团体就都是危险而有害的了。

比如，你会怎样看待一个在电话里跟对方大喊大叫的人呢？你可能会对她持消极看法，甚至不想再和那个人继续相处。可是，如果你发现她大喊大叫是因为另一头她父亲的助听器不见了，而她正计划赶过去帮忙找一找呢？又或者，只有如此，她青春期的女儿才会认真对待事情呢？

一个人在打电话时大喊大叫有很多合理的解释，但是我们倾向于认定是最坏的那种可能。我曾为一家公司的执行总裁做教练，这家公司有很多员工都在家工作。执行总裁告诉我最近发生的一件事情：一次一名员工与人力资源经理就一个有争议的问题在视频会议中激烈讨论，突然通话中断了，人力资源经理告诉总裁，该员工挂了她的电话，总裁当场解雇了员工。之后，他了解到这名员工认为是人力资源经理挂了她电话。不幸的是，撤回解雇已经太晚了。这种不公正的辞退确实打击了其他员工的士气，最终导致总裁不得不离开该组织。

在我自己身上也发生过类似的事。几年前，我妻子阿格尼丝发生精神崩溃。我成了她的兼职护理，除了全职教授工作和公民义务外，我还要投入大量情感和心理上的精力来照顾她。巨大的生活压力让我患上了叫作焦虑性障碍的心理疾病，总是觉得身体很疲惫。

尽管试图处理好所有的家务，但是有时候我确实没办法按时间倒垃圾。你会评价我懒惰而冷漠吗？我希望不会，但邻居出于有限的经验和反感的情绪，很容易对我做出消极的快速判断。当然，这些判断会在很大程度上塑造我们今后的邻里关系。幸运的是，邻居们知道我家的处境，因为我特意通知了他们。毕竟我不希望他们在我身上犯基本归因偏差的错误。

找出基本归因偏差

解决问题的第一步是反思我们生活中的哪些地方可能存在这种错误，也观察别人在哪里犯了这些错误。因此，请花几分钟记录你对这些问题的回答。完成练习之后再继续读下去——研究显示，探索认知偏差是如何影响你的，对于纠正这些错误的心理模式至关重要。

- 生活中，你在哪里犯过基本归因偏差？它是如何损害你的人际关系的？
- 你是否见过其他人陷入了这种认知偏差？它又是如何损害他们的人际关系的？

纠正基本归因偏差

“延迟决策和反应”是解决基本归因偏差的一个关键工具。快速评价显然是不可靠的。与史前大草原上的祖先不同，我们在绝大部分情况下不需要为了生存做出快速判断。因此，如果发觉自己在这样做，就要当心自己的所作所为。

我们可以将思维从评判转变为好奇。与其在别人行为粗鲁的时候想“他们好渣”，不如问问自己 :“他们是真的渣吗？还是有什么特殊情况？”当有人做出你不喜欢的行为时，不要告诉自己“好吧，他就是这种人”，而要问问自己 :“他能改变他的行为吗？靠他自己还是需要别人的帮助？”

在阿格尼丝精神崩溃之前，我和她最重要的相处方式就是在自然保护区远足，在那里我们享受对方的陪伴和大自然的美妙，这让我们能缓解抑郁、改善情绪（Bratman, et al., 2015）。但之后，一切都结束了。阿格尼丝连走下楼为自己做早餐都很勉强。她完全不能出门。我们告别了大自然中的远足。

鉴于这项活动对我们关系的重要性，我们两人都发觉当时的处境相当糟糕。

由于使用了有效的“好奇式”提问，阿格尼丝和我自然不会把她无法出门归结于她的新人格。我们没有只是接受现实——如果真这么做，就意味着我们以后永远不能去大自然远足，从更广泛的意义上说，这将是她自主出行时代的终结。相反，我们决定悬置对此事的判断，有意地将她无法走出门归咎于环境而不是她的新人格。也就是说，我们在问：“她能改变这个状况吗？”阿格尼丝花了很多时间改善自己的行走能力。一开始她只是坐在外面，之后是我和她一起坐在外面。然后她开始走几步才坐下来。接着，她走累了会停下来歇歇，而不是坐下来。有时候我会和她一起散步，但大部分时间她都是自己完成。

我永远不会忘记，大约在她精神崩溃三个月后，她给在上班的我打电话，兴奋地报告自己取得的进步。她成功地把一包东西带到了隔我们好几户的邻居那里！这段路大约有150米，到达前她不得不在路边坐下来休息两次。

现在，离她精神崩溃已经过去几年了，我们俩几乎每天都在附近散步三十分钟。阿格尼丝走得非常慢，每一分钟都要停下来休息一下。她还是没有恢复到原来的样子，不能走远路；在必要的时候她还是会用轮椅，比如在机场时。尽管如此，我仍然坚信她会渐渐好转到以前的水平。这都是因为我们延迟了判断，没有把她的行为归咎于性格，而是归因于环境。

那么，我们怎么能确定抢道的司机和在电话里大叫的人是不是真的很渣呢？很高兴你这么问了！最好的办法是使用“预测未来”纠偏策略，即预测抢你道的司机是否还会抢别人的道。如果你发现他的确这样做了，那么就有更多证据支持“他很渣”的可能性，尽管你还是不能排除他在载着孕妇去医院的可能性。

纠正基本归因偏差

在继续前，请花几分钟回答下面的问题，并记录答案：

- 你会怎样用“延迟决策和反应”来对抗基本归因偏差？具体来说，你将如何实施这一策略？你预计在实施中会遇到哪些挑战？你将如何克服这些挑战？你将使用什么标准来衡量自己是否成功实施了这一策略？如果策略实施成功，你未来的人际关系将会怎样？
- 你会怎样用“预测未来”来克服基本归因偏差？具体来说，你将如何实施这一策略？你预计在实施中会遇到哪些挑战？你将如何克服这些挑战？你将使用什么标准来衡量自己是否成功实施了这一策略？如果策略实施成功，你未来的人际关系将会怎样？

一竿打翻一船人

群体归因偏差

由快速判断导致的归因错误同样会发生在群体中，也就是所谓的“群体归因偏差”（group attribution error）。它有两种表现形式：一种是**我们用对群体中某个个体的感知，去推测其所在的群体的特征**；另一种是反过来，**根据对群体偏好的感知来判断其中个体成员的偏好**（Corneille, et al., 2001）。

由于我们的祖先都生活在小部落中，快速做出关于群体与个体之间关系的判断是有益的，无论这种判断的准确性如何。事实上，这种判断在人类进化的史前时期可能比在现代世界中更为准确，因为那时个体的生存在很大程度上依赖部落，而且成员之间有很多共同特征，最重要的是对部落的忠诚。所以在热带大草原的环境下，如果观察到某部落成员有某个举止，你可以更有把握地说这反映了部落全体成员的特征；反之，如果知道某个部落有什么偏好，你就可以对该部落成员的行为有相对自信的估计。而现代社会的复杂程度远超人们的想象——种族、性别、性取向、阶级、文化、宗教、意识形态、职业、地理位置……都可以构成我们这个时代的群体归属，因此也会产生多方面的身份认同。你不会认为来自同一个种族、阶级群体，或相同性别、性取向的人一定会很相似，因此，根据所属群体来自负地判断其中的个体也不合理。

不幸的是，那些古老的直觉仍然支配着我们在现代世界里的判断。群体归因偏差是形成刻板印象的主要因素之一。

我也犯过这样的错误。因为偶尔背痛，几年前我找过脊骨神经科医生治疗。谁知他把我的背弄得噼啪作响，我离开时甚至比来的时候更糟糕了。我还请过另一位脊骨神经科医生，也得到了类似的体验。在那之后，我发誓远离他们，转而选择物理治疗和其他治疗方式。然而，我一个朋友的爸爸是位脊骨神经科医生，她说服我试试，并保证不会用那个让我后背噼啪作响的手法。

没想到他真的很棒，他的方法比我以前试过的任何方法都有效得多。与物理治疗师建议我进行广泛的常规锻炼不同，他发现我背部的一些肌肉根本无法放松，于是他帮我放松，并开出了非常具体和有针对性的锻炼处方。很高兴我没有让群体归因偏差破坏这段宝贵的治疗关系。

信众在决定要去哪所教堂时，一般的做法是参加多个教堂的活动，看哪个更合适自己。很多人告诉我，在这个过程中，如果哪个教堂的一名教友让他们不愉快，那他们就不再考虑去这所教堂了。了解了群体归因偏差后，你就会意识到这种行为的非理性本质：单个成员怎么能代表整体呢?

相反地，如果用整个群体的信念和态度代表个体成员的信念，这就是我们说的刻板印象。

例如，许多人相信关于犹太人贪婪的荒谬传言，他们错误地认为任何犹太人都一定是贪婪的。事实上，《2017年美国捐赠报告》显示，犹太家庭平均每年向慈善机构捐款2526美元（而美国最大的宗教派别新教徒家庭则为1749美元）；在一年收入低于50000美元的家庭中，约60%的犹太家庭向慈善机构捐过款（非犹太家庭的这一比例为46%）；此外，犹太人定期向非犹太人的事业捐款，报告显示，有54%的犹太人向社会服务慈善机构（而不是他们自己的宗教组织）捐款（非犹太人的这一比例是41%）。尽管如此，传言仍然存在，并且强烈地塑造了人们对于犹太人的认知。

同样的问题还表现在，当听到“民主党人”或“共和党人”的标签时，我们会假设对方持有相关政党的所有观点。实际上，无论政治背景如何，我们都有可能不赞同自己所属政党中的某个或某些观点。

认为一个群体内部是高度一致的，这是一种想当然的看法。纠正它可以极大地促进我们与其他群体成员的积极关系。

找出群体归因偏差

继续进行前请花几分钟回答下面的问题，并记录答案：

- 在生活中，你有没有犯过群体归因偏差的错误？它是如何损害你的人际关系的？
- 你是否见过其他人也陷入了这种认知偏差？它又是如何损害他们的人际关系的？

纠正群体归因偏差

有效解决群体归因偏差的纠偏策略是“考虑其他解释”。例如，如果你在刚加入新团体时与人搭讪，而对方没兴趣多谈，请不要立即感到被拒绝，而是考虑一下他是否正好那天过得很糟糕，或许想要静静。你可以尝试与其他人打交道，尤其是那些看起来像是会与别人交谈的人；或在礼貌地征得同意后，加入他们的对话。通过这种方式，既可以了解人们多么热情，又可以了解整个团体。

“获得外部视角”是纠偏的另一种方法。朋友如何看待我所遭遇的脊骨神经治疗的负面经历，这对我来说就是一种外部视角，帮助我解决了背痛。说句公道话，两次负面经历的样本量是相当小的——这让我学会不再轻易对某个专业做出快速的直觉判断。而关于犹太人贪婪的传言，《2017年美国捐赠报告》提供了绝好的、完全中立的外部视角。

纠正群体归因偏差

继续进行前请花几分钟回答这些问题，并记录答案：

- 你怎样使用“考虑其他解释”来纠正群体归因偏差？具体来说，你将如何实施这一策略？你预计在实施中会遇到哪些挑战？你将如何克服这些挑战？你将使用什么标准来衡量自己是否成功实施了这一策略？如果策略实施成功，你未来的人际关系将会怎样？
- 你怎样使用“获得外部视角”来战胜群体归因偏差？具体来说，你将如何实施这一策略？你预计在实施中会遇到哪些挑战？你将如何克服这些挑战？你将使用什么标准来衡量自己是否成功实施了这一策略？如果策略实施成功，你未来的人际关系将会怎样？

门缝看人篇

终极归因偏差

终极归因偏差(ultimate attribution error)结合了基本归因偏差和群体归因偏差的特点。在它的影响下，**如果我们不喜欢某个群体，这个群体的问题行为就会被归因于群体的内部特征**（而不是外部环境）；反之，**如果我们喜欢某个群体，相同的问题行为会被归因于外部环境**（Hewstone, 1990）。

当我在关于多元化和包容性的演讲中谈到美国黑人比白人更多受到警察关注时，一些听众（通常是白人）偶尔会为警察辩护，宣称黑人比白人更暴力、更可能违法。这时，他们把警察的行为归咎于黑人的内部特征(暗示这是理所当然的)，而不是外部环境。实际上，数据表明，美国黑人受到警察更多关注，至少很大程度上是由于警察们的偏见（Miller, Kern, Williams, 2018）。然而，我要澄清的是，这种歧视不一定是有意图的。有时候，它源于自动驾驶系统，警察们不一定能意识到它——无意识的负面联想被称为“内隐偏见”，但这不是一种认知偏差，它和种族主义、性别歧视等同属于社会偏见。(我们不需要因为自己有内隐偏见而感到羞耻，也不必因为别人有内隐偏见而横加指责，这绝不是个人的过错。明白这一点可以弱化战斗、僵住或逃跑的防御反应，让我们乐于倾听并接受现实。)

找出终极归因偏差

继续进行前请花几分钟回答这些问题，并记录答案：

- 在生活中，你有没有犯过终极归因偏差的错误？它是如何损害你的人际关系的？
- 你是否见过其他人也陷入了这种认知偏差？它又是如何损害他们的人际关系的？

纠正终极归因偏差

“换位思考”是解决终极归因偏差的有效工具。如果站在美国警察的视角看问题，你会觉得他们是故意对黑人有偏见的吗？还是相反，他们知道自己有种族内隐偏见，同时也在尝试摆脱它的影响？当一位白人警察拦住了一位年轻的黑人男司机时，我们没有读心术，因此没有证据确信他到底是怎么想的。我们要谦虚地承认自己的自动驾驶系统做出的快速判断不一定正确，这有助于我们启动意识系统，做出基于证据的判断。

我们也可以信赖“使用‘概率思维’”这个纠偏工具。当看到一个黑人被警察殴打的新闻时，不考虑任何其他信息，我们很难判断此人是否的确应该被警察这样对待。然而，如果知道，在同样的情形下，警察倾向于对黑人更严厉，那么我们先验的估计应该是，这位警官的反应很可能过火了。在牢记总体基本概率的同时，随着更多事件细节的披露，我们应该与时俱进地更新自己的想法，使其更接近事实。

纠正终极归因偏差

在继续之前，请花几分钟时间写下你对这些问题的回答：

- 你将如何利用“换位思考”来纠正终极归因偏差？具体来说，你将如何实施这一策略？你预计在实施中会遇到哪些挑战？你将如何克服这些挑战？你将使用什么标准来衡量自己是否成功实施了这一策略？如果策略实施成功，你未来的人际关系将会怎样？
- 你将如何使用“概率思维”来对抗终极归因偏差？具体来说，你将如何实施这一策略？你预计在实施中会遇到哪些挑战？你将如何克服这些挑战？你将使用什么标准来衡量自己是否成功实施了这一策略？如果策略实施成功，你未来的人际关系将会怎样？

小结

本章所述的纠偏技术都可以应用于纠正这三种认知归因偏差——哪一个最有效，取决于当时具体的情境，通过尝试和练习，你会自然地知道何种方法适用于何种情况。后面章节中描述的其他策略也是一样，都普遍适用于每一章阐述的各种偏差。

本章最需要牢记的一点就是，我们经常会将观察到的行为错误地归因于个人或群体的固有特征，而不是他们所处的环境。这样做对我们的人际关系来说可能是毁灭性的。

归因偏差只是我们思维混乱的表现之一，在下一章中，我们将讨论“不切实际地认为自己比其他人更好”的认知偏差。但如果你还没有完成本章练习，我强烈建议你回头完成它们。最好现在就练习，不要拖到以后!

第三章

我比别人更机智吗?

还记得欧文·伯林（Irving Berlin）的那首歌《我能做得更好》（*I Can Do Better*）吗？这首歌来自1946年百老汇音乐剧《金燕飞枪》（*Annie Get Your Gun*），二重唱里男女歌手唱到自己什么都能做得比别人好。芭芭拉·史翠珊（Barbra Streisand）唱过这首歌，1997年迈克尔·乔丹（Michael Jordan）和米娅·哈姆（Mia Hamm）也唱过，或许你还听过大青蛙剧场（Muppet Show）里猪小姐的版本，或者其他翻唱版。

为什么这首歌如此有感染力，如此流行？一部分原因是自动驾驶系统在我们的脑中哼着同样的旋律。我们（每个人皆如此）头脑的一部分相信自己在每一个重要方面都比其他人更优秀。

当然，听到我直截了当地这么说时，你可能会否认——你的意识系统（即自我反省的部分）可能不会赞同这种说法，它认识到世界并不是围绕着你转的。不过，在某种程度上，自动驾驶系统相信世界是围着我们自己转的；它告诉我们，自己是世界上最优秀、最重要的人——同样的事情发生在地球上其他数十亿人身上，而我们无法有意识地停止这种信念；即使告诉自己“我不见得比别人优秀”，自动驾驶系统还是会固执己见。你的反省只是在和意识系统说话，而不是自动驾驶系统。这两者之间的矛盾是否会让你感到不舒服呢？

太用力地告诉自己这个真相不仅无效，还会引起负面情绪。其实也没有必要阻止自动驾驶系统的惯性想法，要使自己的人际关系免受这一认知误区的破坏，我们需要做的是确保意识系统充分了解，“我比别人优秀”的信念并不反映客观现实，过于自满对亲密关系、朋友关系、职场关系都会产生消极影响。

“我自相矛盾吗？好吧，是的！我自相矛盾（我很大，我包含多重样貌）。”（Whitman, 1994）这句诗引起了我的共鸣。它让我意识到我不需要在内部达成完全一致。大脑编写着关于我们自己的虚构故事，这个故事让我们可以功能良好地适应现实。但这样的故事不止一段，我们每个人都经历着无数心理过程，它们有时彼此竞争，让“一个连贯一致的自我”成为神话。惠特曼的这句诗也使我意识到，头脑中同时出现矛盾观点是许多人都体验过的，我们都有能忍受它们的潜力。

“大家都先听我说”

虚幻优越感

人们倾向于高估自己的积极品质，而忽视消极品质——这是人类共有的典型思维错误之一，行为科学家称之为“虚幻优越感”（illusory superiority）（Hornsey, 2003）。有一种含义更广的认知偏差，叫作“过度自信效应”，指我们对现实的评价往往过于自信。虚幻优越感就是过度自信效应的一种具体表现形式（Pulford, Pulford, 1996）。

从进化的角度来看，虚幻优越感的好处显而易见。如果我认为自己比别人优越，我是世界上最重要的人，那么我自然会拼尽全力，不仅是为了生存，也是为了传递我的基因。那些对自己的能力和特点没有如此过度自信的人，在这场遗传的“俄罗斯轮盘赌”中就不会那么拼尽全力地争取成功。我们是这些能幸存下来并开枝散叶的祖先的后代，虚幻优越感是我们获得的进化遗产。

虽然这不意味着本书的每位读者在生活的各方面都沦陷于虚幻优越感中，但研究表明，绝大多数人在自认为重要的生活领域，对自身的优秀程度都是过度自信的。最初，我认为美国人、英国人和其他属于个人主义文化中的个体，相比于其他文化，尤其是更尊重群体一致性和个人谦逊性的集体主义文化中的个体，会表现出更多的过度自信。然而在广泛的跨文化比较研究文献中，我惊讶地发现，中国人、马来西亚人和印度尼西亚人都来自集体主义文化，他们却比英国人和美国人表现出更多的过度自信（Savani, et al., 2014）。我不知道为什么会这样，但这种违反直觉的结果，有助于打破毫无根据的文化刻板印象。

虚幻优越感如何在人际关系中发挥作用呢？以迈克和金妮为例。他们是几个月前开始约会的，后来金妮的公寓租约到期了，房东提高了租金。此时迈克从父母那里继承了房子，并邀请金妮和自己一起住，金妮欣然接受。

住在一起常常会暴露出我们最糟糕的一面，在我们相对短暂的互动中，这一面可以被隐藏，但同居就是另一回事了，近距离长时间相处使人不再那么收敛自己。金妮和迈克就是这样。迈克很快就开始为自己有一份更高薪的工作而表现得傲慢，并对金妮糟糕的财务状况冷嘲热讽。迈克向金妮施压，要她承担更多的家务活，并开始以倨傲的态度为金妮买单。金妮试图向迈克指出这一点，但迈克不愿意听，对她不予理睬。最终，金妮对迈克越来越傲慢的态度感到非常恼火，考虑到财务问题和迈克不愿倾听的现状，金妮决定结束这段关系，另寻一处住所与人合租。

金妮是在听了我的一次演讲后告诉我这个故事的。在那次演讲中我提到了虚幻优越感对人际关系的威胁。的确，这种认知偏差经常会在恋爱关系中滋生膨胀的自我认知。若是一方错误地相信并表现出“我对他太好了”或“他配不上我”的态度，而另一个人愿意倾听（不像迈克那样），那么至少有希望解决这个问题；若是双方都有虚幻优越感，情况就更糟了——他们如同进入了一场竞争，每一方都试图在“到底谁更优秀”这一问题上压过另一方，这几乎总会导致一段关系走向终结。

如果你像我一样来自一个大家庭，你可能会想起在家庭聚餐时，有人主导谈话，自信地就某个话题提出见解，大家会错误地认为他在该话题上比其他人都知道得多。若是对话题的观点出现分歧，我们倾向于认为自己的判断更英明，并常常试图说服对方，与其展开激烈辩论，却很难意识到自己的偏见。我们还会“故意”忽视与自己的观点不一致的证据——这样做是很自然的，因为这类信息让我们不舒服，违背了我们的本能反应。正是这种天然本能让我们总是选择接受令人舒服但往往不准确的信息（Tsipursky, Votta, Roose, 2018）。

在工作场所，虚幻优越感也常会折损员工的表现。你是否也讨厌这样的同事：他们自以为通晓一切，在读了几篇报告后就宣称自己已经知道正确的行动方针；如果他们是你的上司，情况就更糟了。不幸的是，大多数公司都会奖赏那些没有深入研究问题，仅靠直觉和拍脑袋，就能在一分钟内做出一打决定的人。研究表明，这样的决策往往会招致商业灾难（Finkelstein, 2004）。然而，管理者的这种虚幻优越感是由董事会和下属们催生出来的，因为他们需要这种感觉——公司的领导者无所不知（Chen, Crossland, Luo, 2015）。

在我妻子阿格尼丝精神崩溃之前，我们对彼此关系和家庭的贡献大致持平：当对方情绪混乱时，我们给对方的情感支持大致相等，也都做了一些对夫妻关系有益的事情；同样，在家庭财务和家务事上，我们也能够以比较公平的方式来承担责任。但阿格尼丝精神崩溃之后，情况发生了巨大变化，虚幻优越感对我产生了从未有过的诱惑：她不能再工作了，我成为唯一养家糊口的人；她也几乎不能做任何家务，要么由我来做，要么只能将就；更麻烦的是，她再也不能为我提供有益的情感支持，而我却必须为她提供更多——与之前她给婚姻带来的积极影响相比，生病后她反复无常的性格和剧烈波动的情绪带来的消极影响更为显著。

找出虚幻优越感

你是否觉得自己已经很优秀，不需要再做这个练习了？是否觉得自己在任何情况下总能找到问题的突破口？是否在想“为什么不跳过这部分呢？”——恭喜你以实际行动证明了虚幻优越感！请拿出日记本回答下面的问题。完成练习之后再往下看。研究表明，想要消除认知偏差，首先需要自我反省，理解它是如何影响我们的。

- 生活中，你在哪些事情上陷入过虚幻优越感？它是如何损害你的人际关系的？
- 你是否见过其他人也陷入了这种认知偏差？它又是如何损害他们的人际关系的？

消除虚幻优越感

我承受着作为阿格尼丝唯一看护者的所有负担，还要忍受她反复无常的性格，而她却不能给我任何情感支持，这对我的自动驾驶系统来说，感到优越是很自然和本能的表现。不过，如果让这种虚幻优越感占据我，相信直觉反映的都是真相，那么我们的关系很可能早就终结了。

幸运的是，我意识到它，并决心与之斗争。"换位思考"在解决这一问题上是很有效的。阿格尼丝和我进行了一番长谈。她开诚布公地向我讲述了自己精神崩溃及面临相应后果时的内心体验，感谢我对她的支持，对自己的病情给我及我们的关系带来的压力深表遗憾。设身处地为她着想，不仅让我对她的苦难遭遇有了更深的理解，更使我由衷欣赏她的内在力量和康复决心，这些都让我对未来充满了希望。当她缓慢地康复时，我看到自己的希望正在变成现实，这令人十分欣慰。我不知道如果我是她，是否也会做得这么好。

在之前的例子中，如果迈克停下来想想他的言论给金妮带来了什么感受，会怎样呢？如果迈克真的听取了金妮对傲慢态度的抱怨，会怎样呢？他们很可能还有机会继续相处，金妮也不会搬出去。然而，迈克对财务过分关注，对自己在关系中的优势地位过分自信，使他付出了沉重的代价。

"考虑其他解释"是消除虚幻优越感的另一个纠偏策略。如果你对一个工作问题一无所知将会如何？如果你的直觉反应没有引导你在职业生涯中朝着正确的方向发展又将会如何？

一些杰出的商业领袖都曾做出很荒唐的判断。埃隆·马斯克（Elon Musk）曾在推特上发表"正在考虑以每股420美元的价格将特斯拉私有化”，这条推特引发了投资者的极大恐慌和美国证交会的调查。调查发现，马斯克的这一声明是虚假的，他不得不为此支付2000万美元的罚款，并辞去特斯拉董事会主席的职务。

让我们再看看保守的老牌汽车巨头——大众公司的例子——他们在2015年9月承认，在对大众和奥迪汽车进行排放测试时，使用作弊软件给出错误的读数。这一被称为“柴油门”的事件震惊了汽车行业，并导致大众汽车公司首席执行官马丁·温特科恩（Martin Winterkorn）以及其他几位高层领导人辞职。2018年5月指控温特科恩阴谋欺诈的调查人员称，正是这位前大众汽车公司首席执行官批准了使用“减效装置”来伪造排放数据。大众的股票在接下来的几天里下跌超过40%，丑闻给公司造成的总损失估计超过200亿美元。

这只是两个众所周知的例子——高层商业领袖在虚幻优越感下做出可怕的决定。沉溺于虚幻优越感，不去反省自己是否真的那么卓越超群，是很危险的。所以在那些想要显示自己比别人更聪明的时刻，我们要特别警惕——放着更通俗易懂的词不用，却偏偏使用高深难懂的词，这就是耍聪明的例子。

消除虚幻优越感

在继续阅读之前，请花几分钟写下你对这些问题的答案：

- 你将如何通过“换位思考”来对抗虚幻优越感？具体来说，你将如何实施这一策略？你预计在实施中会遇到哪些挑战？你将如何克服这些挑战？你将使用什么标准来衡量自己是否成功实施了这一策略？如果策略实施成功，你未来的人际关系将会怎样？

- 你将如何通过“考虑其他解释”来对抗虚幻优越感？具体来说，你将如何实施这一策略？你预计在实施中会遇到哪些挑战？你将如何克服这些挑战？你将使用什么标准来衡量自己是否成功实施了这一策略？如果策略实施成功，你未来的人际关系将会怎样？

“我可不能比你差”

社会比较偏差

如果一位邻居买了漂亮的新车，你可能就会在接下来的一周看到有其他邻居买了更好的新车。如果有人吹嘘儿子的钢琴表演取得了成功，你也许就会在不久后发现别的家长也给他们的孩子报了钢琴班。

作为群居动物，我们往往与同类群体成员进行比较，在能带来社会地位的活动和各类物质上彼此竞争，一方面总想胜人一筹，另一方面不免诋毁比我们更优秀的人。这种伤害人际关系的直觉倾向被称为“社会比较偏差”（social comparison bias）（Garcia, Song, Tesser, 2010）。

在热带草原的部落环境中，社会比较偏差可以帮助我们的祖先生存和繁衍。他们在部落中的地位越高，就越有可能获得资源。这使他们不仅能够生存，而且能够成为更具吸引力的交配对象，将自己的基因传递下去。我们正是那些擅长在社会地位上进行竞争的祖先的后代。可是在现代环境中，这种特质却经常伤害我们自己以及人际关系。

设想一下，当人们对拥有一辆很棒的新车的邻居感到羡慕甚至嫉妒时，不管是否意识到自己自动驾驶系统中的体验，这些感觉都损害了邻里和睦的关系。而如果他们因此在根本没有买车计划的情况下斥资购入更好的车，则造成了无谓的浪费。因此，我们要提防自己出于忌妒或者跟风，去购买某些光鲜的消费品，陷入社会比较偏差的陷阱。

社会比较偏差还可能导致我们诋毁那些比自己更优秀的人。学生时代，那些在学业、经济或恋爱关系上领先于其他人的学生可能被同伴指责或嘲笑。而在工作情境中，我也目睹过它的坏影响。在某个软件公司里，软件工程师团队受到绩效评估体系和内部文化的影响，彼此之间存在激烈竞争，糟糕的结果损害了产品质量和客户服务。例如，某项创新可以大大提高公司的产品质量，但出于团队之间的竞争压力，提出这项创新的团队只把知识保留在团队内部，不在公司广泛分享；如果一个工程师团队遇到他们不了解的专业问题，想要求教其他团队，往往会遭到拒绝；一些软件工程师会拒绝从事客户服务工作，认为这是低价值的活动，而更愿意把工作重心放在技术创新这种可以与其他工程师竞争的高价值活动上。

为了解决这个问题，我作为咨询顾问与管理层一起对绩效评估体系进行改革，旨在激励团队之间的合作。比如，改革之前，奖金池的分配基于团队之间的相对水平，这激发的是“各人自扫门前雪”的心态；改革之后，30%的奖金根据每个团队对其他团队的帮助程度来发放，发放奖金前，每个团队将会在这个方面对其他团队进行打分。同样，晋升和加薪的标准也有所调整，将工程师帮助他人（特别是在客户服务方面）的行为纳入考量。为了解决内部文化问题，公司侧重于赞扬内部协作，特别是客户服务。高管们在这些行为上以身作则，每位高层领导都会花一些时间与客户互动。在过去的12个月里，这些改革带来了更加健康的内部文化，有利于相互协作和客户服务，大大改善了公司的内外关系。

找出社会比较偏差

继续阅读之前，请花几分钟写下你对这些问题的回答：

- 在生活中，你在哪些事情上陷入过社会比较偏差？它是如何损害你的人际关系的？
- 你是否见过其他人也陷入了这种认知偏差？它又是如何损害他们的人际关系的？

纠正社会比较偏差

我们可以使用“概率思维”来消除社会比较偏差。当你想在文化、消费品或其他方面与别人攀比时，考虑一下这对人际关系和其他生活领域造成影响的可能性。你的自动驾驶系统是不是认为，通过购买新车，让自己不输给邻居、同事，会让你更快乐，与他们的关系更好？是不是认为，看到周围人参加某项活动，你或者孩子也去参加，会让你更快乐，或对人际关系有好处？

如果你回答“是”，那么请估计回答正确的可能性有多大。把这个可能性量化成一个数字，是90%、70%，还是30%？把它写在笔记本上。

如果你真的选择参加这些活动或购买新车，三个月后可以再回头来看看前面的估计是否准确。大多数时候，我们总是夸大购买消费品或跟风所带来的幸福感和对人际关系的增益程度。事实上，研究表明，大多数形式的消费并不能使人们更幸福；唯一增加幸福感的消费形式是休闲消费，主要是因为它提升了“社会联结”（这个词是学术界对“人际关系”的专业表达）（DeLeire, Kalil, 2010）。研究表明，让我们更快乐的是人际关系，而不是消费或攀比。

纠正社会比较偏差

请花几分钟写下你对这些问题的回答：

- 你将如何使用“概率思维”来对抗社会比较偏差？具体来说，你将如何实施这一策略？你预计在实施中会遇到哪些挑战？你将如何克服这些挑战？你将使用什么标准来衡量自己是否成功实施了这一策略？如果策略实施成功，你未来的人际关系将会怎样？

不是故意要甩锅

自我中心偏差

约翰·F.肯尼迪（John F. Kennedy）有一句名言："成功有一百个父亲，而失败是个孤儿。"这句话形象地概括了"自我中心偏差"（egocentric bias），即**在集体中，人们倾向于将更多的荣誉归于自己，同时将失败归咎于他人**（Gilovich, Medvec, Savitsky, 2000）。如果你参加团队运动，就常常会发现这种心理模式。我经常参加双打网球比赛，每当我们丢了一分时，我总是提醒自己，不要凭直觉去责怪搭档。同样地，你可能会注意到职业篮球运动员之间有时会争论谁对球队贡献最大。显然，自我中心偏差不利于团队成员之间的人际关系。

就像在运动团队中一样，在职场团队中，人们也会遭受自我中心偏差的困扰，而且往往更严重。在绝大多数体育运动中，我们可以直接观察队友在做什么；但在职场，其他团队成员的许多活动是我们看不见的，看不见就想不到。在我承担的一项涉及团队协作问题的咨询项目中，我采取的第一个方法是让每位团队成员列出使团队取得显著成功的活动（我发现最好从"有一百个父亲的成功"，而不是从"无父无母的失败"开始，前者会激发更多积极情感和团队精神）。团队成员常常惊讶于其他成员所做的大量工作，并能更多欣赏其他人的贡献。另一个简单的方法是要求团队成员匿名向其他团队成员（不能向他们自己）分配100分，以表明项目的成功源于谁。我作为活动组织者，最后总结并公布分配的结果，这一结果总是让大家感到惊讶，尤其是那些有着强烈的虚幻优越感和自我中心偏差的团队成员。

找出自我中心偏差

在继续阅读之前，请花几分钟写下你对这些问题的回答：

- 生活中，你在哪里陷入过自我中心偏差？它是如何损害你的人际关系的？
- 你是否见过其他人也陷入了这种认知偏差？它又是如何损害他们的人际关系的？

纠正自我中心偏差

消除自我中心偏差需要我们后退一步，使用“获得外部视角”的纠偏策略。想象一下，如果站在别人的视角，你将如何评估自己对工作项目或运动团队的贡献。想一想你的付出，也要考虑到别人的付出。

下面我们要来啃一下难啃的骨头，看看如何面对失败这个孤儿。请列出你所做的导致团队项目失败的事情——我知道这并不好玩，还可能让你难受，但是却对消除自我中心偏差和虚幻优越感至关重要。

要解决自我中心偏差，有必要使用“制定规则”这个纠偏工具，被规则引导的可以是“自己”这一个人，也可以是团队，甚至组织。我上文提到曾帮助团队解决了“谁对项目成功（和失败）贡献（和责任）最大”的团队冲突，使用的策略简单易行，作为个人可以思考其他团队成员的贡献，作为领导可以让所有成员进行这样的思考和评价，而整个组织也可以将这一方法作为团队自我评估的必要组成部分，让成员给除自己之外的其他成员分配分数，标明他认为队友对项目成功的贡献度，或对项目失败负多大责任。

纠正自我中心偏差

请花几分钟写下你对这些问题的回答：

- 你将如何利用“获得外部视角”来对抗自我中心偏差？具体来说，你将如何实施这一策略？你预计在实施中会遇到哪些挑战？你将如何克服这些挑战？你将使用什么标准来衡量自己是否成功实施了这一策略？如果策略实施成功，你未来的人际关系将会怎样？
- 你将如何使用“制定规则”来对抗自我中心偏差？具体来说，你将如何实施这一策略？你预计在实施中会遇到哪些挑战？你将如何克服这些挑战？你将使用什么标准来衡量自己是否成功实施了这一策略？如果策略实施成功，你未来的人际关系将会怎样？

小结

研究表明，我们每个人在某种程度上都有过度自信的倾向；且越成功，就越可能陷入这方面的危险。如果我们想保护自己、人际关系和所在组织免受伤害，就需要警惕虚幻优越感、社会比较偏差和自我中心偏差。这本书中的纠偏练习有助于消除认知偏差，让我们保持健康的心理状态。

在下一章中，我们将转向对群体判断偏差的讨论。

“无缘无故”的苛待

俄亥俄州立大学七叶树橄榄球队和密歇根大学狼獾队之间的竞争关系众所周知。作为俄亥俄州立大学教授，我发现自己的学生们，乃至整个校园的情绪氛围都受两队比赛输赢影响——赢的时候，我们对七叶树队的无限骄傲和喜悦何其美妙；输的时候，对狼獾和整个密歇根大学的憎恨和蔑视何其让人不快。

这种分明的爱憎区别没有止步于校园。2018年5月，我曾在哥伦布地区人力资源协会举办的多元化和包容性年度会议上做了一次演讲，演讲的主题是：危险的判断错误如何削弱多样性和包容性。我的听众是大约一百位人力资源领域专业人士，我提到了七叶树队与狼獾队的竞争，并请他们之中愿意雇佣密歇根球迷的人举手。

猜猜有多少人举手?

在公布答案之前，我要先强调一下，这些听众都是受过专门训练的顶尖专业人士，他们受训就是为了在招聘实践中克服偏见。此外，他们频繁地参加关于多样性和包容性的会议，知道要提防非理性的歧视性冲动。

在大约一百名听众中，愿意雇佣密歇根球迷的人数只有三个。是的，三个。

部落从属关系满足了人们的归属感，但同时也扭曲了人们的判断，进而伤害人际关系；部落主义也导致了许多由群体归属带来的歧视，这种群体可能基于种族、性别、宗教、年龄、政治、残疾、地理位置以及许多其他形式划分。本章将讨论这种影响人际关系的认知偏差，以帮助读者发现和纠正这些错误，也会介绍一些技巧来避免偏差造成的伤害。

尖角效应

如果我们不喜欢一个人的某个方面，特别是当这方面使他在群体中显得太与众不同时，我们就会过于严厉地评判这个人。这种认知偏差叫作“尖角效应”（the horns effect）（Burton, et al., 2015）。例如，绝大多数美国公民认为那些有外国口音的人不如口音纯正的人值得信赖（Lippi-Green, 2012），毕竟，外国口音表明“你不是本地人”——换句话说，你不是我们部落的一部分。在大草原环境中，那些不属于自己部落的人意味着危险。自动驾驶系统对他们产生怀疑，这有助于我们的生存，但也导致我们无意识地在内心贬低他们。

然而，尖角效应比部落主义更复杂：它与我们对社会等级的认知有交互作用，使我们认为处于社会等级更低层的人比处于等级较高层的人更糟糕。例如，肥胖的求职者在工作面试中更加不被看好（Pingitore, et al., 1994）——对此没有合理的解释，谁说肥胖的人工作能力不如不胖的人呢？我们只能用社会对肥胖者的污名化来解释，人们往往把肥胖者放在更低的社会等级上。此外，也可能有人固执地认为养家糊口的男性应该比女性处于更高的社会等级（Carnevale, Smith, Gulish, 2018）。

所有这些形式的歧视，无论是基于种族、性别、性取向，还是相貌、体重、身高，都损害了工作表现和人际关系。让我们以工作场所之外的歧视为例。众所周知，很多美国城镇曾禁止少数民族在日落后还留在城里。尽管公开的日落镇政策现在已经被废除了，但仍有一些团体暗中歧视少数民族，对族群之间的关系造成了很大伤害。

群体内部关于某种特征的分歧甚至可以导致部落的分裂。我的一位朋友告诉我，他所在的教派在美国只有不到700万会员，但他们在是否允许同性结婚的问题上却存在巨大分歧，引起了教派内部的动荡。许多成员因这个问题产生了尖角效应，当他们意识到自己的主张将无法被接受时，有些人会选择离开教会，甚至放弃教派，因为他们对和自己持相同观点的群体的归属感要强于对教派的归属感。

在这一点上，我想再次提醒大家：**社会偏见和认知偏差是两码事**。认知偏差是人类大脑的固有局限带来的，它解释了为什么我们会对现实做出错误评价。而社会偏见是这些错误认知的后果，每个社会中具体有哪些社会偏见是由当时具体的历史环境决定的。例如，只有注重体育竞技的社会背景，才会造成狼獾队和七叶树队球迷之间的仇恨；如果回到几个世纪前，你会发现，现在被认为超重的人更有魅力，而那些瘦削的人则属于较低的社会等级——这一点在彼得·保罗·鲁本斯（Peter Paul Rubens，1577—1640）的艺术作品中得到明显的体现。所以在每种社会，尖角效应都会催生非理性的歧视性社会偏见，然而具体的表现要看具体的社会情境。

要想摆脱尖角效应，避免消极后果，我们可以使用下一节介绍的策略，采取具体和慎重的步骤来应对。事实上，我也并非完全免疫于这些危险的判断错误。现在回想起来，我和阿格尼丝关系中最明显的尖角效应就是她对学术讨论兴趣不高——虽然她很聪明，但让我感到失望的是，她对实用和实际问题感兴趣，对抽象的智力讨论没兴趣。当时，凭着高论卓识和能言善辩，我在高中朋友的小圈子中颇有地位，也颇为自得——这些能力代表了我的自我认同和群体归属的一部分；阿格尼丝虽然在讨论中有能力坚持自己的观点，但当讨论变得艰深，更有哲学深度时，她就不再感兴趣了。我是那么重视高谈阔论的能力，并以此为依据划分谁与我为伍，她的意兴阑珊让我觉得她跟我不是一路人。

找出尖角效应

做完练习再读后面的内容，研究表明，解决认知偏差的前提是理解和反省这些偏差是如何影响我们的。

- 生活中，你在哪里陷入过尖角效应？它是如何损害你的人际关系的？
- 你是否见过其他人也陷入了这种认知偏差？它又是如何损害他们的人际关系的？

消除尖角效应

一个适用于处理尖角效应的纠偏策略是“延迟决策和反应”。当我们对刚遇到的人有强烈的负面直觉反应时，一定要停顿一下再作判断，先想想有没有潜在的无端偏见。在初识新同事、面试潜在员工，或与友商开会时，要当心自己的判断受到对方相貌、身高、体型、口音、性别和其他身体因素的影响。我们往往低估那些较胖的人和带有方言口音的人，也倾向于对女性缺乏直觉上的信任。留心这一点，并延迟判断，就能克服最初的消极直觉。

要想进一步增强对抗尖角效应的能力，还可以尝试使用“预测未来”

的纠偏工具。如果我们对某人的第一印象比较糟糕，可以对他做一个预测——是不是超重的人真的会表现不佳？是不是带有某种口音的人真的傲慢？那是否可能只是刻板印象？

不把这些预测写下来留待日后查验，就不会知道真实情况是什么——因为我们往往忘记过去做错的猜测；通过用实情来检验预测正确与否，就可以校准自己的判断，有机会改变错误的观点，改变对某个群体的总体印象。

我很欣慰，由阿格尼丝对抽象话题兴趣索然引起的尖角效应没能阻碍我们关系的发展。我尽管苦恼于她不喜欢跟我进行学术讨论，但同时也非常欣赏她的许多优秀品质。从第一次认真考虑这个问题开始，我用了六个月的时间使用“预测未来”策略来检验她对学术讨论没有兴趣对我来说是不是真的构成问题。我尝试在我们的关系之外寻找能与我进行学术对话的人——事实证明，这出人意料的容易：我可以与其他朋友，在俱乐部、课堂、在线论坛和许多其他场所进行学术讨论。然而她拥有的许多其他品质——从情感上的支持接纳，到对我幽默搞怪行为的欣赏，再到协调各类生活事项的出色能力——都是我在别处难以获取的。换句话说，阿格尼丝缺乏的品质没有我想象的那么重要，“预测未来”策略帮我解决了由尖角效应引起的本以为很不得了的问题。

除此之外，如果能够客观而准确地评价过去，“回想过去”是另一种有助于解决尖角效应的纠偏方式。如果你在教堂、俱乐部或其他团体讨论存在分歧的问题，可以反思一下过去的经验对这个话题有什么启示。

消除尖角效应

请花几分钟写下你对这些问题的回答：

- 你将如何通过“延迟决策和反应”来解决尖角效应？具体来说，你将如何实施这一策略？你预计在实施中会遇到哪些挑战？你将如何克服这些挑战？你将使用什么标准来衡量自己是否成功实施了这一策略？如果策略实施成功，你未来的人际关系将会怎样？
- 你将如何运用“预测未来”的方式来对抗尖角效应？具体来说，你将如何实施这一策略？你预计在实施中会遇到哪些挑战？你将如何克服这些挑战？你将使用什么标准来衡量自己是否成功实施了这一策略？如果策略实施成功，你未来的人际关系将会怎样？
- 你将如何运用“回想过去”来对抗尖角效应？具体来说，你将如何实施这一策略？你预计在实施中会遇到哪些挑战？你将如何克服这些挑战？你将使用什么标准来衡量自己是否成功实施了这一策略？如果策略实施成功，你未来的人际关系将会怎样？

“莫名其妙”的欣赏

晕轮效应

与尖角效应相反，当人们非常喜欢某人身上的一个特征，特别是觉得这个特征属于自己所在群体时，就会对此人身上的其他特征做出过于积极的评价。这种认知偏差被称为“晕轮效应”（the halo effect）（Coombs, Holladay, 2006）。

晕轮效应在人际关系的许多领域都有体现，比如自动驾驶系统驱使我们被那些符合群体审美标准的人吸引（Lucker, Beane, Helmreich, 1981）。因为在热带草原环境中，具有这些特征的祖先处于部落社会阶层的顶端，换句话说，这些人的基因更可能得以延续。

不幸的是，我们越是觉得某人外表具有吸引力，就越会高估其优点，并低估其缺点。这种倾向是晕轮效应的表现之一，之所以如此有两方面原因，一是因为自动驾驶系统在帮助我们发展出足够的动力与这个人交配繁衍后代，二是出于想与部落中重要的人建立正向关联的基本天性。研究表明，如果我们认为谁更美，就倾向于无视事实地认为他智商更高，社交能力更强（Eagly, et al., 1991）。还有一个重要的发现：如果伴侣在审美上比我们自己看起来更具有吸引力，我们在这段关系中就可能更顺从（Critelli, Waid, 1980）。所以，如果你觉得所爱对象比自己有魅力，请记住：你可能高估了他的品质，并且太过于容忍他的问题。

晕轮效应就像尖角效应一样，在工作场所发挥着非常负面的影响。例如，在雇主评估求职者时，漂亮的人排名更靠前（Watkins, Johnston, 2000）——这一现象普遍存在于世界各地（Chiu，Babcock，2002）；外貌更具吸引力的人能赚到更多的钱（French, 2002）；个子高的人往往被视为更好的领导者，更值得尊重，有更好的工作表现（Judge, Cable, 2004）；选民更有可能把票投给他们认为更具有吸引力的政客（Verhulst, Lodge, Lavine, 2010）……显而易见，在商业和政治领域，身高和外表都不能提高工作绩效，是晕轮效应的微妙后果导致了这些差异。

让我们谈谈晕轮效应对人际关系，特别是友谊的影响——它有时会让你粉饰对你不再合宜的友谊。我有两个高中同学，他们和我的成长背景很相似，从受东欧文化影响到共同的高中经历。随着年龄的增长，因为我们追求的人生道路不同，价值观和人格也渐有差异，我们之间的矛盾越来越多。在读研期间，通过学习行为科学和自我反省，我越来越意识到这些友谊对我来说意义不大了。我们曾来自相同的群体，由于晕轮效应，我高估了这两位朋友的积极品质。实际上，他们对我精力和时间的消耗远远超过带给我的滋养。尤其是作为一个内向者，我在社交活动后需要花费大量时间独处才能恢复精力，这也使我没有足够的精力在人生新阶段寻找更适宜的友谊。因此，经过慎重的考虑之后，我开始试着和他们保持距离。这并不容易，尤其是他们没有意识到我们之间不断变化的关系，还想保持过去的亲密。不过，从长远来看，和那些朋友“分手”不论是对我，还是对他们，都是最好的选择。

你有需要保持距离，甚至彻底切断联系的人吗？诚实地面对自己，因为晕轮效应可能会让这个问题变得难以回答。

找出晕轮效应

请回答以下问题：

- 生活中，你在哪里陷入过晕轮效应？它是如何损害你的人际关系的？
- 你是否见过其他人也陷入了这种认知偏差？它又是如何损害他们的人际关系的？

消除晕轮效应

“设想场景重现”是消除晕轮效应的有效方案。在离开两位朋友的过程中，我意识到即使这些关系对我没有帮助，但长期友谊和共同的部落归属感可能会给我们的关系蒙上一层毫无帮助却看似积极的面纱。所以我试着考虑其他替代性的情境。我问自己：“如果我在今天与他们相识，会想和他们中的任何一位建立友谊吗？”不，当然不会！我很明确——他们和我是完全不同的人，我们不会一拍即合。这种即时反应提供了有力的证据，让我明白这段关系对我没有益处。

我还考虑未来我会如何看待这段关系，是看作与过去连接的桥梁，还是看作镣铐，把我拉回我想摆脱的过去？在做出友谊取舍决定的那一刻，我认为肯定是后者。

“考虑其他解释”的技巧也同样适用于解决由相貌吸引力导致的晕轮效应。我们常常投票给看起来有魅力的人，如果不想让自己的选择受到偏见的影响，那就想象一下，如果那个人的相貌变得不好看了，你还会为他投票吗？

为了更准确地评估恋人的品质，可以想想他／她在我们的审美偏好中处于什么位置——如果认为他／她有异乎寻常的吸引力，那么要意识到，我们可能会不切实际地高估他／她的其他品质。可以使用“获得外部视角”这个纠偏策略来校准自己的判断：去找一个对你的恋人不感兴趣的朋友，让他按10分制来评价那些对你重要的品质，比如同理心、判断力、智慧、幽默、可靠性，等等；你自己也做一份同样的评估，不要受朋友的影响。如果你的评估结果比朋友高得多，那就得小心了——你可能陷入了晕轮效应。

如果你身处领导者角色，可以使用“制定规则”这一纠偏策略，确切地说是“制定规则引导团队／组织”。具体做法是，先用与工作相关的标准来评估同事、雇员、合作商和其他业务伙伴；然后，考虑有没有会引起晕轮效应的因素，比如身高、体重、相貌、群体归属。假如你受到这些因素的影响而产生晕轮效应，那么减少你给对方的评分（我的经验法则是打七折）；如果相反，你对被评价者有尖角效应，那么以相同的比例提高给对方的评分。经过多次练习，我们需要调整的幅度会逐渐减小，这也反映了我们识别这些认知偏差的能力越来越强。

消除晕轮效应

请花几分钟写下你对这些问题的回答：

- 你将如何使用“设想场景重现”来对抗晕轮效应？具体来说，你将如何实施这一策略？你预计在实施中会遇到哪些挑战？你将如何克服这些挑战？你将使用什么标准来衡量自己是否成功实施了这一策略？如果策略实施成功，你未来的人际关系将会怎样？
- 你将如何利用“获得外部视角”对抗晕轮效应？具体来说，你将如何实施这一策略？你预计在实施中会遇到哪些挑战？你将如何克服这些挑战？你将使用什么标准来衡量自己是否成功实施了这一策略？如果策略实施成功，你未来的人际关系将会怎样？
- 你将如何使用“制定规则”对抗晕轮效应？具体来说，你将如何实施这一策略？你预计在实施中会遇到哪些挑战？你将如何克服这些挑战？你将使用什么标准来衡量自己是否成功实施了这一策略？如果策略实施成功，你未来的人际关系将会怎样？

第四章
为什么说不通又哄不好?

乔治想："这次约会真是太棒了！玛丽很善解人意也非常有趣，她是一个多么好的倾听者啊！"乔治告诉了玛丽关于他自己的一切。他觉得玛丽不像他之前约会过的其他女人，她能明白他的感受，真的关心他所说的一切。所以在他们当晚约会结束的时候，二人便打算安排下一次约会。

第二天，乔治给玛丽发短信，玛丽没有回复。乔治等了一天，又在社交平台给她发了一条消息，他看到玛丽阅读了那条信息，但没有回复。几天后，乔治给她发了封邮件，但是玛丽始终保持沉默。最终，他放弃联系她。乔治觉得好失望——她就像其他女人一样！真不敢相信自己当初竟然看错她了！

玛丽为什么不回消息呢？是因为她那天的体验和乔治完全不一样。她是一个礼貌、害羞且内向的人，从约会开始，她就对乔治外向而充满活力的性格感到不知所措。玛丽一边想着自己为什么要和这种让自己崩溃的人约会，一边听乔治谈论他的父母、工作和朋友，却不问关于她自己的事。但她并不想伤害他，即便已经打定主意没有下一次了，她还是告诉乔治自己愿意继续约会。

因为我和玛丽、乔治都是熟人，所以有机会了解他俩大相径庭的感受。乔治开始向他周围的人（包括我）抱怨：他认为那次约会进行得很顺利，玛丽却拒绝回复他的信息。乔治觉得他是在真诚地分享，玛丽也在认真地倾听；而玛丽却认为他是在过度分享，自己只是礼貌配合，直到她可以离开。我私下问玛丽从她的角度来看发生了什么事，她说自己一直在用非语言信号表达自己对这些话题不感兴趣，但是乔治始终没有领会信号的含义。

你可能认为玛丽不回乔治的短信是有问题的。但事实上，会这样做的"玛丽"有许多，因为他们性格害羞，注重礼貌，习惯于避免冲突。反过来，也有很多"乔治"，外向和活力四射妨碍了他们解读他人的非语言信号。

乔治和玛丽都犯了一个容易导致误解的常见的判断错误——“透明度错觉”（illusion of transparency）（Gilovich, Savitsky, 1999）。这种认知偏差导致我们极大地高估了别人对我们感情和思想的感知程度，导致我们误判别人的感受，自顾自地去思考和谈论，对个人、职业和社会关系都会构成伤害。

“你到底什么意思”

透明度错觉

当你摆出一张面无表情的脸时，你相信别人能看出你在虚张声势吗？当你睁眼说瞎话时，你觉得容易被人识破吗？

也许被人看穿没有我们以为的那么容易。在一项实验中，执法人员观看了10段录像，录像中的人们在真实或者虚假地谈论自己的感受。这些执法人员来自美国联邦调查局、中央情报局、国家安全局、缉毒局和许多其他机构，他们中的绝大多数都没能发现说谎者(只有美国特勤局人员答对概率比随机概率高）（Ekman, O’ Sullivan, 1991）。说谎很难被识破，但我们却总倾向于相信别人会知道我们在想什么。另一项研究将参与者分为两组，第一组成员可以选择如实回答问题或者撒谎，第二组成员猜测第一组成员是否撒谎。第一组中约有一半的人相信第二组的人分辨出了他们的谎言，而实际上只有四分之一的人被揭穿了（Gilovich, Savitsky, Medvec, 1998）。

你觉得自己比一般人更擅长识破骗子吗？那我们来做个实验吧。请几个朋友互相讲述关于你的故事，真实和虚假的各说三个，看朋友们能判断对多少。当我和朋友们玩这个游戏时，我们的平均正确率约为55%，比随机选择只好一点点。**我们识破别人谎言的能力低得可笑，却过度自信地认为自己的想法和感受可以轻易被别人接收到**，这一切都是因为透明度错觉在起作用。

这一误判倾向会让谈判者犯错误。研究表明，如果谈判者试图隐藏自己的真实欲求，他们往往会低估自己隐藏的效果；相反，如果谈判者试图向谈判对象表达自己的偏好，他们却往往高估自己表达的清晰程度（Van Boven, Gilovich, Medvec, 2003）。举个例子，想象一下你正与伴侣协商是否要和他的家人一起过感恩节。你并不想去，但又不愿因为自己坚持不去而让伴侣心烦，如果他真的决定去，你还是愿意奉陪的。你选择以委婉的方式释放不乐意的信号，如用非言语的身体姿势、声音语调来微妙地表达观点，以为这样对方就明白你的心意了。但事实上效果可能并不好，除非你明确表达观点，否则他很可能误解你的实际立场。

在我和太太婚后十年时，我们做了一个实验——找一件我们之间存在分歧的事情，分别说说在自己看来，对方是怎么想的。我们发现，自认为被完美解读的间接信号竟然有20%到30%是错误的。虽然这个结果让我们感觉不舒服，但也提示我们，在有分歧时要用更加明确的方式表达自己，这显著改善了我们的关系。

在孩子进入青春期后，亲子间发生的很多事情会让父母意识到透明度错觉的存在。在短短的几年时间里，孩子从视父母为智慧源泉的可爱小不点儿变成爱争论的叛逆青少年，他们开始喜欢在外面待到很晚，更信任朋友而不是父母。在孩子的成长中，父母常忽略的情感潜台词是，当孩子们进入成人世界，与同龄人更加亲近时，他们想要寻求更多的自主和独立，而这需要他们与父母保持距离；青少年忽略的信息是，父母想要保护他们，想让他们远离自己在成长过程中经历过的种种问题。

透明度错觉让青春期的亲子关系剑拔弩张，双方如果能多从对方的情感视角去理解，减少透明度错觉，亲子矛盾也就会随之缓解。父母可以在情绪的觉察和成熟表现方面作出示范。首先，通过同理心提问从情绪视角理解孩子，这也有助于孩子对自己的情绪有更多的认识。例如，父母可以问："汤娅，你想在外面待到很晚，是因为想要更多地掌控自己的生活吗？"这个问题可能会引发一场关于什么是"掌控"的对话，亲子共同探讨青少年自主性与父母指导之间的最佳平衡是什么。其次，和孩子分享情感，让孩子理解父母的真实感受："汤娅，很抱歉我因为你回家太晚发火了。我只是担心你的安全，其实我也不愿意看到自己发火。"这样的对话可以帮助青少年认识到，父母也是人，有一系列复杂的情感，不只是完美的爱和权威的来源。

找出透明度错觉

请花几分钟时间写下你对这些问题的回答：

- 生活中，你在哪里陷入过透明度错觉的陷阱？它是如何损害你的人际关系的？
- 你是否见过其他人陷入了这种认知偏差？它又是如何损害他们的人际关系的？

打破透明度错觉

如果你说得不清楚，对方不明白怎么办？如果你说得很清楚，但是问题太复杂，别人很难理解怎么办？如果你说得很清楚，对方认真听就能明白，但他们却没认真听或根本不在乎怎么办？如果在一段关系中，双方使用的语言不能传达出自己关键的潜在情绪，而这些情绪对理解状况又至关重要，该怎么办？上述情况都可以通过“考虑其他解释”解决，这是一种极为重要的消除透明度错觉的方法。

不要假设对方能理解你的意思，无论是字面上的还是言外之意。要考虑到你可能误解别人，别人也可能误解你，所以要进行尽量充分的沟通，一方面探索对方的观点、需要和愿望，另一方面也清晰地分享自己的观点、需要和愿望。之后，我们可以只关注最核心的分歧点，你会发现解决分歧的办法比你原以为的更多。即使在有分歧的领域，也可以讨论每一个选择对彼此的重要性，协商出双赢的解决方案，也尽可能让对方重视的需要得以满足。

比如，你可能告诉孩子要在夜里12点前回来，他也同意了。但直到半夜，孩子还没回来，你越来越焦虑，于是在12:15发短信，十分钟以后又发了一条，12:30的时候打电话给他，都没有得到回应。最后，他在12:45回到家。你崩溃地要求他解释为什么这么晚回家，为什么不接电话。孩子告诉你，他的手机没电了，所以不知道时间，也不能用手机叫车，只能从朋友那里搭便车回来。他让你淡定，说这又不是世界末日，虽然表现出内疚但也充满防御，看样子像是准备向你发起攻击，因为在他看来，你妨碍了他的自主性和自制力发展。这时候跟他对峙起来，很可能不会有什么好结果。

作为父母，你能做些什么来防止这种情况再次发生呢？你可以向孩子强调时间对你的重要性，也可以向他解释你的情绪，让他明白你希望能在满足他的自主性需要与避免对他的安危担忧之间找到一个平衡点。然后，你可以问问孩子对规定的回家时间有什么看法。也许他觉得这个时间点只是一个建议而已，或者觉得这个规定不公平，想故意违反，作为一种对你监督其行为的挑战。你还可以通过同理心提问，就这个话题展开更广泛的交流，帮助你的青少年孩子更深入地了解自己的情绪和目标。

此外，你们还可以讨论一下回家晚了会有什么样的惩罚。毕竟，你不开心并不是一种惩罚：我们都要对自己的情绪负责，而你的孩子并不需要对你的感受负责。通过建立明确的惩罚体系，根据孩子回家的时间调整惩罚强度，可以为孩子提供进入成人世界所需的有关权利和责任的指导。此外，你并没有让自己成为“坏人”：青少年有权晚归，但要对自己的行为后果负责。在这样的体系之下，孩子会再三考虑晚归这件事（并记得给手机充电）。这种方法的关键，或其他任何解决紧张亲子关系的策略的关键，在于亲子间所达成的协议必须符合双方的需要和愿望。具体达成什么协议并不重要，如果奖惩的刺激物与需要不一致，亲子之间的协议就不会奏效；如果一致，你们将在很大程度上解决透明度错觉。

另一个解决透明度错觉的重要策略是“制定规则”——承担责任，确保在沟通时，其他人完全理解你的信息，同时你也真正理解他们在说什么。你可能会想：这好像不公平，为什么要由我来负责任？其他人不承担责任吗？我又不是房间里唯一的成年人！

不幸的是，这个世界并不公平。如果你不相信这一点，那么就可能陷入另一种认知偏差——“公正世界谬论”（just-world fallacy）。这是一种错误的期望，认为世界是公正的，做好事的人应该得到奖赏，而做坏事的人应该受到惩罚（Furnham, 2003）。然而，这个世界并不是天然的公平公正，如果你想达到自己的沟通目标，就要身体力行。这意味着，如果你正在阅读这篇文章，并且知晓了“透明度错觉”以及如何与之抗争，就应该为未来的自己设定一个规则——为成功沟通承担责任。否则，就要为因沟通不畅而导致的关系失败负责，因为对方要么不知道“透明度错觉”为何物，要么不够强大，无法克服自动驾驶系统的本能反应。

最有效的规则是“再现”（echoing），这一策略也被称为“映射”（reflecting），即用自己的语言总结你所感知到的对方向你发出的信号——不仅要重述他们表达信息的内容，而且回应激发他们传递这一信息的情感，或者至少是你对这些情感最贴切的猜测。例如，如果孩子固执而怨恨地告诉你，他想在凌晨1点回家，而不是12点。你可以这样说：“你说更愿意在凌晨1点回家，听上去你很不满我限制了你的自由。”如果你的猜测是对的，对方会肯定；如果错了，他们会纠正。例如，孩子可能会说：“不，我并没有因为你限制我的自由而不快，只是担心如果我为取悦父母而提前离开，朋友们会取笑我。”说到这里，你对孩子的想法有了更多了解，并且可以在时间限制上做出更明智的决定，比如可以让孩子更晚一点回家，但要求他从晚上11:00开始每半小时发一次短信报平安。

同样，也可以邀请沟通对象“再现”你的表达。比如，让青春期的孩子重述你有关回家时间规定的说法，并让他猜猜你这么规定是出于何种想法或情感。如果持续这样做，你会发现亲子关系变得更加丰富、更有意义。请注意，虽然这种情绪回应法在大部分人际关系中都适用，但在工作关系和公共关系中可能不太合适，效果取决于具体的组织环境和互动方式。尽管如此，你还是可以试着用非言语信号来回应对方的情绪，从而丰富和改善你们之间的交流。

打破透明度错觉

在继续之前，请花几分钟写下你对这些问题的回答：

- 你将如何利用“考虑其他解释”来对抗透明度错觉？具体来说，你将如何实施这一策略？你预计在实施中会遇到哪些挑战？你将如何克服这些挑战？你将使用什么标准来衡量自己是否成功实施了这一策略？如果策略实施成功，你未来的人际关系将会怎样？
- 你将如何利用“制定规则”来对抗透明度错觉？具体来说，你将如何实施这一策略？你预计在实施中会遇到哪些挑战？你将如何克服这些挑战？你将使用什么标准来衡量自己是否成功实施了这一策略？如果策略实施成功，你未来的人际关系将会怎样？

站着说话不腰疼

知识诅咒

在我们已经知晓关于某个主题的信息之后，就很难忆起自己不知道这些信息时的状况。**我们常常会忘记别人并不知道我们知道的信息，并低估**

学习这些信息的难度，因此无法就某个话题与比我们知晓更少的人进行有效沟通。这种认知偏差叫作知识诅咒（curse of knowledge），它描述了知识水平不同的人进行交流的困难性（Birch, Bloom, 2007）。

我记得有位朋友教我打鼓。当时他领我到架子鼓旁边，告诉我："别担心，很简单。"我坐下来试着听从他的指示——先敲桶鼓，再敲铜鼓。我不知道这些是什么，让他给我解释一下。然后，他花了一些时间解释，让我敲他指示的鼓，击鼓间隔半秒并且保持节奏。我做不到，很快就糊涂了。他变得越来越沮丧，于是接过鼓槌为我演示，看起来很容易就能做好。之后我又试了一下，但还是做不好动作，他因为我没能学好而感到不开心，我也越来越沮丧——最后我们吵了一架，在那之后的几个星期里我们一直在生对方的气。当时我还年轻，并不知道知识诅咒。所以当我在博士课程中了解到这种认知偏差时，"学敲鼓"事件作为它的完美例证立刻浮现在我的脑海中。

你是否也曾经历过被教得太快太深而没办法理解，或试图教别人某种技能时，因他们学习缓慢而感到沮丧呢？这两种情况的背后，都是知识诅咒在作祟。

找出知识诅咒

请花几分钟写下你对这些问题的回答：

- 你在哪里陷入过知识诅咒的认知偏差？它是如何损害你的人际关系的？
- 你是否见过其他人陷入了这种认知偏差？它又是如何损害他们的人际关系的？

打破知识诅咒

打破知识诅咒首先需要“换位思考”。当我们教别人新技能时，不要一开始就跳到这个主题最深奥的部分；相反，可以先谈谈他们为什么要学习这个东西，这样我们就能了解他们的情感动机和兴趣程度。例如，如果朋友下定决心要把打鼓作为新爱好，并且已经买了一套价值500美元的鼓，你会采取某种教学方法；但如果他们只是想体会一下随机乱敲产生的噪音，你就需要完全不同的另一种教学方法了。

其实很多人在教别人某个东西的时候，并没有去了解对方的动机。他们忘记了（或者从来不知道），**情绪，而不是想法，才是驱动我们去做一件事的主要因素。**通常情况下，教师对他们所教的课题充满热情，并错误地认为学生也有同样的感受，这可能会破坏教学的有效性。

在了解学生为什么想要学习后，可以评估一下他们目前的知识状态。仍以教朋友架子鼓为例，可以先向朋友展示你的架子鼓，欢迎他试着演奏，看看他的现有水平和天赋——假如他不能保持稳定的节奏，并且在你的指导下一个小时后都没有进步，那他也许不适合把打鼓作为一种爱好。之后，可以向学生介绍一个尽可能小的知识点，这个知识点最好能与他现有的知识体系结合起来，这样可以提高学习的兴趣和动机。知识诅咒的一个常见误区就是要求学生一下子吸收太多信息，让他们感到不知所措又沮丧，就像当年朋友教我打鼓时的感觉一样。但如果我们了解对方的动机和目前的知识水平，并致力于为他们提供与其所需一致的知识，而这些知识被分解为小小的点，又与他们现有的知识体系相关，那么他们将更有可能吸收和整合这些知识。

打破知识诅咒

在继续之前，请花几分钟写下你对这些问题的回答：

- 你将如何利用“换位思考”来对抗知识诅咒？具体来说，你将如何实施这一策略？你预计在实施中会遇到哪些挑战？你将如何克服这些挑战？你将使用什么标准来衡量自己是否成功实施了这一策略？如果策略实施成功，你未来的人际关系将会怎样？

“大家都会支持我”

虚假共识效应

人们往往高估朋友、家人、同事及其他人对自己想法的认同程度，在头脑中形成一种虚幻的结盟感，这是一种被称为“虚假共识效应”（false consensus effect）的认知偏差（Coleman, 2018）。是否曾经有朋友或者家人表达了一个让你吃惊的观点？这种惊讶感表明了虚假共识效应在生活中确实存在。

一位好友告诉我，有一天她和结婚五年的丈夫谈论他们对未来和周围世界的看法，从丈夫那里听到的许多话使她感到震惊，她知道丈夫对她说的一些话也有同感。他们已经很长一段时间没有深入地交谈过了，平时聊起来的只是日常琐碎。在她看来，丈夫变得更加物质主义，优先考虑现实的利益和享乐；相比之下，她越来越注重自我觉知和正念，并致力于个人成长。由于两人都性格内向，有着不同的朋友圈和爱好，他们都没有注意到自己的观点、价值观和目标是如何随着时间的推移而改变的，从而导致彼此疏远。

那次谈话是对他们婚姻的严峻考验。从那之后的一年多，他们每周都去做一次夫妻治疗，想办法解决他们之间的分歧。到目前为止，他们仍然在一起，但决定在接下来的两年里不生孩子，因为还在考虑婚姻是否能够持续下去。夫妻对彼此关于未来和周围世界看法的错误想象，体现的正是虚假共识效应。

研究表明，虚假共识效应有损于社会凝聚力，加剧了社会两极分化（Mannarini, Roccato, Russo, 2015）；互联网可以集纳更多极端观点，线上社群的互动让两极分化更严重（Wojcieszak, 2011）；还有调查发现人们普遍认为自己对重要社会问题和伦理问题的看法，与“上帝”的观点一致（Epley, et al., 2009）。

找出虚假共识效应

请花几分钟写下你对这些问题的回答：

- 生活中，你在哪里陷入过虚假共识效应？它是如何损害你的人际关系的？
- 你是否见过其他人陷入了这种认知偏差？它又是如何损害他们的人际关系的？

消除虚假共识效应

你还记得朋友、家人、同事，或与你有关系的其他人让你感到惊讶（尤其是那种让人不愉快的惊讶）的情景吗？这应该是一种不舒服的感觉，意味着你对他们的看法是错误的，你对他们的思维定式被打破了。我们的自动驾驶系统——大脑中的直觉反应部分——试图回避和忽略这种感觉，想要保持我们原有的思维定式。

为了解决虚假共识效应，需要采取的步骤可能让人不爽，那就是承认这种惊讶的感觉，使用“回想过去”策略来纠正我们脑海中关于这些人的形象（Welborn, Lieberman, 2018）。后来，当我和好友谈论她和丈夫的情况时，她承认在接受治疗并与丈夫交谈之后，她渐渐回忆起过去的确有许多迹象表明他们两人正在渐行渐远；然而，她故意无视这些信息，因为这让她无法承受，不想面对，她更愿意多关注日常生活。她的丈夫也陷入了同样的危险模式，对自己看到的迹象选择逃避。回顾过去，两人都认识到如果更早面对，并开诚布公地讨论，现在的境况会好得多。我们应当从他们的错误中吸取教训，而不是通过犯错误来折磨自己。我们可以回顾过去人际交往中的经历，留意不愉快的时刻，在关系遭受重创之前解决这些问题。这个做法听起来可能很平常，但效果却出人意料。

回想过去很重要，但这只是事后的反应，我们还可以主动向前看，通过“预测未来”策略来解决虚假共识效应。这里的“未来”不仅指还没发生的事，也包含你尚未知晓但将要知晓的事件。比如，你认为在大众心理健康调查中，有多少人觉得新冠疫情对自己的心理健康状态造成影响？先不要用百度搜索，把你的猜测写在本子上。写好之后再查看结果。你可以使用这类方法训练自己，减少对社会问题犯虚假共识效应的错误。下次在聚会上，当有人为这样的话题争论不休时，你可以建议大家做上面的练习：写下对某事的预测，然后查看真实结果。这可以巧妙地帮助他人对抗虚假共识效应。

消除虚假共识效应

在继续之前，请花几分钟写下你对这些问题的回答：

- 你将如何通过“回想过去”来对抗虚假共识效应？具体来说，你将如何实施这一策略？你预计在实施中会遇到哪些挑战？你将如何克服这些挑战？你将使用什么标准来衡量自己是否成功实施了这一策略？如果策略实施成功，你未来的人际关系将会怎样？
- 你将如何利用“预测未来”对抗虚假共识效应？具体来说，你将如何实施这一策略？你预计在实施中会遇到哪些挑战？你将如何克服这些挑战？你将使用什么标准来衡量自己是否成功实施了这一策略？如果策略实施成功，你未来的人际关系将会怎样？

小结

当我第一次和朋友玩“对我撒谎”游戏时，我感到很震惊。在这个游戏中，我们轮流讲关于自己的三个真相和三个谎言，让其他人来猜哪些是谎言。我打起精神投入游戏，也了解相关主题的研究。尽管如此，我的自动驾驶系统仍没有做好准备，在识破谎言方面，我只能靠运气。是我的朋友们特别善于撒谎吗？完全不是，他们只是普通人——我们确实非常不善于分辨谎言和真相。

鉴于此，我希望大家都能意识到有效沟通对于解决透明度错觉、知识诅咒和虚假共识效应的关键作用。下面，我们将讨论我们在评估自己和他人情感强度方面会犯的错误，以及如何理解和解决这类错误。

“这有什么大不了”

小敏简直不敢相信，泰隆又忘记在喝咖啡时垫杯垫，因此再次在那张精美的手工橡木桌上留下了难看的污渍——自他们结婚9个月来，她已经无数次告诉泰隆要用杯垫，但他还是没有听进去。然而这只是冰山一角。小敏也曾一次次告诉他要将脏盘子放进洗碗机，要把脏袜子放在洗衣房而不是床边，他每次都信誓旦旦地答应，但没过几天她就会发现他又违反了约定。他只是道歉说不会再有下次了，但后来总是一再食言。

“他为什么要这么做？他是想向我传达什么信号吗？他是在借此发泄不满吗？就算他没有恶意，他又把我当成什么人了？他的女仆还是妈妈？每次我想跟他好好谈谈这个问题，他都不听，说这不是什么大事，让我淡定，并承诺下次自己一定记得。他就是一点都不尊重老婆！够了，这个游戏我不想再玩下去了！”小敏拖着行李箱打电话给闺蜜，问闺蜜可否收留她一段时间。在离家时，她给泰隆留了张纸条：“如果你愿意，你可以像猪一样生活，但绝不是跟我一起。”

泰隆回到家看到纸条时吓了一跳。他不敢相信小敏会因为咖啡污渍、脏盘子和脏衣服离开他。他打电话给包括我在内的朋友，让我们帮忙想办法解决这个问题，帮他与不肯接电话的小敏进行沟通。我就是这样了解他们的故事的。

你是否认为小敏的反应有点过头，泰隆的行为不值得她大动肝火？如果是这样，你可能不太在意清洁；相反，如果你能理解小敏的愤怒，能理解为什么第三十次发现咖啡污渍是压死骆驼的最后一根稻草，那么你可能也十分在意清洁。其实，对清洁的需要程度不是简单的个人偏好或教养问题，而是由基因决定的（Schnall, Benton, Harvey, 2008）——换句话说，你对清洁的看法在很大程度上取决于DNA。

如果你处于“邋遢——洁癖”渐变谱系的任何一个极端，那么很难从本能、情感、自动驾驶系统的层面理解另一极端的人。有的人对结构和秩序有强烈的需要，而有的人在面对规则和纪律时感到压抑和束缚，他们需要自我和自由。

谈恋爱的时候，性格差异是他们彼此吸引的原因。小敏传统且喜欢井井有条的生活，而泰隆自我且喜欢新奇的事物。不幸的是，也正是这些差异使他们很难一起生活，尤其是当他们对性格可能带来的摩擦毫无心理准备时。泰隆混乱行为的背后是一种微妙的情绪反应，使自动驾驶系统巧妙地将他从小敏强加的规则中推出来。当然，他也可以让意识系统工作，即训练自己留心并改变不受欢迎的行为，但这样做的前提是要对当前的状况有觉知，并有改变它的决心。不幸的是，泰隆的自动驾驶系统只觉得小敏在小题大做，他从未将注意力放在她的这些唠叨上。这就是为什么他们会走到分居的境地。

人们在评价情绪对自己和他人的影响时容易产生认知偏差。我们倾向于认为自己主要是被逻辑而不是情绪驱动，但实际上，我们感性的强度可能是高于理性的——这就是为什么即使泰隆在逻辑上愿意遵循妻子的清洁规则，但实际上却做不到，甚至不想去做。我们也倾向于低估情绪对他人的影响，例如泰隆对小敏的毅然出走感到难以置信，困惑于小敏为何绝不通融如此无关紧要的事。

共情鸿沟

我们通常会低估情绪唤起状态对自己及他人的影响，这种认知偏差被称为“共情鸿沟”（empathy gap）（Gutsell, Inzlicht, 2012）。共情鸿沟解释了我们与所爱的人之间为什么会产生那么多令人特别困惑的冲突，例如泰隆不能理解小敏的离家出走，也不能理解为什么自己就是改不掉这个毛病，小敏对泰隆满口答应却不见行动感到迷惑，也不知道自己为什么对泰隆的问题行为有那么强烈的情绪反应。我们很难识别情绪背后的驱动因素，尤其是对秩序的热衷这类比较原始的欲求。

再举一个例子来说明共情鸿沟的普遍性。我们都知道平静、放松的状态与情绪被唤起、被激怒的状态是有差别的，请回忆一下你和亲近的人最近发生的激烈争吵（Loewenstein, 2005）——这场争吵让你得到你想要的结果了吗？你是否达到了自己的目的——让对方一直按你希望的方式去行事或思考？又或是争吵伤害了你们的关系，破坏了信任和美好的感情？大多数人发现激烈的争吵既伤害了人际关系，也没有达到既定目标。当我们冷静下来时常常后悔争吵，并且不明白为什么当时会说伤人的话，但伤害已经造成。激烈的争吵会让我们的情绪进入一种被唤起的状态，使我们依赖于自动驾驶系统（而不是更深思熟虑的意识系统）做出反应——我们在激烈争吵时说的话，在冷静的状态下永远说不出来，由此可见情绪的影响力是惊人的。

当共情鸿沟与部落主义结合时，会给整个社会关系带来特别的伤害。我们对那些被认为不属于自己部落的人所抱的负面情绪会引发尖角效应，让我们有强烈的倾向去无视他们的情绪力量（Nordgren, Banas, MacDonald, 2011）。当面对那些在某一“阶层”上比我们“低等”的人们时，共情鸿沟尤其凸显。这就可以解释为什么在某个领域（包括性别、性取向、肤色、宗教信仰等），一群人会认为另一群人的感受如何与他们无关。缺乏对少数群体情绪的关心是我们的社会存在许多不公和歧视现象的原因，因此搭建跨越共情鸿沟的桥梁可以在很大程度上治愈社会创伤。

找出共情鸿沟

请拿出日记本，花几分钟写下这些问题的答案：

- 生活中，你在哪些方面曾陷入共情鸿沟的认知偏差？它是如何损害你的人际关系的？
- 你是否见过其他人也陷入了这种认知偏差？它又是如何损害他们的人际关系的？

跨越共情鸿沟

跨越共情鸿沟需要借鉴“换位思考”的纠偏策略。试着想想如果你是对方，站在那些享有某种权利或缺失某种权利的人的立场，你会如何看待他们的处境。以我自己为例，我患有心理疾病，说话有斯拉夫口音，这两个特征都是美国人眼中的弱势标签——正因如此，我可以在自己拥有优势的方面为共情鸿沟建构一架心理之桥，比如我拥有与“白人男性”这个身份相伴的优势，我会对没有这个“标签”的人产生更多同理心。你可以用这种方法，为自己搭建跨越共情鸿沟的心理之桥。

共情地倾听，并且用“再现”策略来确认自己的理解是否正确，这种技巧可以帮助我们理解别人的情绪。在共情倾听中，我们会更关注是什么感受驱动对方说这些话，而不是他所说的具体字句。例如，当我对软件工程师进行焦点小组访谈和一对一采访时，我最关心的是他们对工作的各方面是否感兴趣，他们把什么样的人看作榜样来尊重，以及他们想得到谁的认可。关注这些有助于我了解他们真实的感受，看清到底是什么激励和吸引着他们，而不是被他们口头上表达的对公司规章制度的态度左右。同样，在我和泰隆交谈时，能看出他虽然嘴上说清洁很重要，但实际上更乐于待在对清洁要求不那么高的环境中。我正是使用了上一章介绍过的“再现”技术，才能够探索和确认软件工程师和泰隆的真正感受。

这样的对话不需要花很长时间。有人在南佛罗里达州进行了一项“减少对变性人偏见”的有趣研究，具体过程如下：首先，研究者挨家挨户敲门，请那些同意参与的人回忆自己因为与众不同而被人评头论足的经历；然后，通过讨论使他们意识到，这种被评头论足的痛苦不过是变性人日常经历的多种痛苦中的一种而已；最后，研究者会问访谈对象这番谈话对他有什么影响。研究结果表明，这种十分钟左右的简短交谈可以大大减少人们对变性人的偏见，增加对反歧视法的支持，而且这种效果至少可以持续三个月（Broockman, Kalla, 2016）。鉴于美国人对变性人的偏见程度，我们有把握地认为本研究中的换位思考策略也可以减少其他类型的歧视。

此外，“预测未来”的纠偏方法也适用于解决共情鸿沟的认知偏差。以泰隆和小敏为例。在恋爱阶段，泰隆观察到女朋友把每次约会都计划得面面俱到，而且不愿意体验新鲜事物，假如他能由此看出小敏很在乎秩序，就可以进一步推测她应该也特别在乎整洁——这就是在理性和冷静的状态下，预测到恋人看到脏乱会反应强烈，而不是在整洁问题爆发出来之后大家情绪激动，不欢而散。提前预测可以帮助我们在人生道路上做出明智的决定。

跨越共情鸿沟

在继续读下去之前，请花几分钟时间写下这些问题的答案：

- 你将怎样用“换位思考”策略来跨越共情鸿沟？具体来说，你将如何实施这一策略？你预计在实施中会遇到哪些挑战？你将如何克服这些挑战？你将使用什么标准来衡量自己是否成功实施了这一策略？如果策略实施成功，你未来的人际关系将会怎样？
- 你将怎样用“预测未来”策略来跨越共情鸿沟？具体来说，你将如何实施这一策略？你预计在实施中会遇到哪些挑战？你将如何克服这些挑战？你将使用什么标准来衡量自己是否成功实施了这一策略？如果策略实施成功，你未来的人际关系将会怎样？

第五章
为什么
劝不动
又争不过?

“不差我一个”

旁观者效应

如果一个陌生人遇到了困难，你会有多在乎？在紧急情况下你是否会帮助他们？

假设你穿着心爱的套装刚参加完一个重要的商务会议，独自路过池塘时突然听到一声尖叫，看到一个孩子站在池塘边，另一个孩子在池塘深处挣扎，你是否愿意跳进池塘救出那个孩子，不惜毁掉你最贵最好的职业装？如果你是和同事一起看到孩子溺水了，你会毫不犹豫跳进池塘救人，还是等别人去救？毕竟，当着同事的面去救人有点尴尬——如果孩子只是在玩耍，根本没有什么危险，显得你有多傻！再想象一下，你发现一个以救溺水儿童为使命的组织，而且你知道该组织的工作效率非常高，你愿意捐赠多少钱给它？（Singer, 2015）

我们有这样一种错误的倾向：**在危急状况下，假如我们是唯一能提供帮助的人，那么伸出援手的可能性比较大；相反，危急现场的目击者越多，即潜在可以施救的人越多，那么每个人伸出援手的可能性就越小，越倾向于袖手旁观。**这种认知偏差就是“旁观者效应”（bystander effect）（Fischer, et al., 2011）。

同样的问题也会出现在人际关系中。如果某人有很多朋友，大家都知道他有麻烦了，特别是当他还在社交平台分享了麻烦事或群发了求助邮件，我们就会觉得他应该不缺帮助；同样，我们也会对在求职平台上公布工作困难的人抱有相同的预期。这些本能的预期使我们不太可能对困境中的人加以关心，并伸出援手。

虽然旁观者效应的原因尚未被全部知晓，但主要原因是责任扩散和社交信号。前者是指，如果我们是唯一能够提供帮助的人，我们会觉得自己若不提供援助，则对由此产生的后果负更大责任，这会大大增加我们帮助他人的可能性。能施以援手的人越多，责任就会越分散。如果帮助他们需要花费很大成本（如毁坏一件价值1500美元的套装），且周围能提供帮助的人又很多，责任十分分散，没人觉得自己应该对结果负有责任，那么最后会无人付诸行动去帮助那个孩子。

由于我们的行为在很大程度上取决于周围人的反应，社交信号可能阻碍我们对紧急情况或广泛求助做出反应。如果周围人很多，且由于责任分散，没人表现出情况很紧急的样子，那么大家就越发不会认为这是个紧急的情况。打破社会常规去做一件事情，说不定会招来负面评价或被拒绝，这让人很尴尬。因此，自动驾驶系统就发送了一个刹车信号，最终没人出手相助。

找出旁观者效应

拿出日记本，花几分钟时间写出这些问题的答案：

- 生活中，你在哪些方面曾陷入旁观者效应的认知偏差？它是如何损害你的人际关系的？
- 你是否见过其他人也陷入了这种认知偏差？它又是如何损害他们的人际关系的？

破解旁观者效应

破解他人的旁观者效应不难，假设你是紧急情况中的受害者，或者你想帮助受害者，那么需要打破责任扩散和社交信号（Van Bommel, et al., 2012）。不要简单地喊“救救我！”正确的求救方法是让某个特定的人帮你做某件具体的事，例如：“穿蓝色毛衣的大姐请帮我报警！”“推自行车的那位先生，麻烦你到下个路口的药店帮我拿一些纱布和双氧水。”

如果我们遇到了麻烦需要朋友帮助，不要简单地把问题发布在社交平台上，而是想想自己到底需要什么样的帮助，以及到底谁可以帮助自己，然后给他们发私信，根据情况让好友组织“救援”。

例如，我的妻子阿格尼丝了解旁观者效应，所以在她的一位好友怀孕期间，她主动帮助好友建立了一个支持网络——向特定的人寻求特定的帮助，从做饭送饭到照顾孩子(我帮忙打理院子，因为我既不擅长做饭，也不擅长照顾孩子)。这样的支持为生完宝宝的朋友减轻了不少压力。

“制定规则”是另一个适宜用来消除旁观者效应的好策略。自从知道这种认知偏差会阻止我们在适当的情况下采取行动，我就在心里为未来的自己制定了一个规则，即在紧急情况出现时，不管其他人如何行动，我会立刻报警或施救，宁可让接警员接到两次电话或毁掉精致的衣服，也不要拖延救援，造成更坏的后果。

破解旁观者效应

在读后面的内容前，请花几分钟时间写出这些问题的答案：

- 你将如何用“制定规则”来破解旁观者效应？具体来说，你将如何实施这一策略？你预计在实施中会遇到哪些挑战？你将如何克服这些挑战？你将使用什么标准来衡量自己是否成功实施了这一策略？如果策略实施成功，你未来的人际关系将会怎样？

小结

我们很容易低估他人情绪的强烈程度，以及自己在冷静和兴奋状态之间的情绪差别。泰隆并不是故意留下污渍、碗碟和脏衣服让小敏去清理，他只是不明白清洁对小敏到底有多重要，因此当她抱怨时，泰隆觉得她只是在唠叨；此外，由于他更喜欢自在轻松的状态，他的自动驾驶系统使其不自觉地忽视小敏日益增长的不满。同样，小敏也不明白泰隆的感受。如果不解决威胁其亲密关系的认知偏差，那么他们的关系将不会有好转的机会。

同样，共情鸿沟削弱了我们保持冷静的能力，也降低了我们就分歧话题进行有效沟通的能力，这就为日后发生令人后悔的争吵埋下了祸根。旁观者效应使我们在情感上对陌生人、朋友和其他人遭受的困难没有那么关心，在行动上的付出也比应该做的要少。

下面，我们将讨论大多数人在评估风险和回报时都会体验到的认知偏差，主要与乐观主义和悲观主义有关。

凡事只往好处想

2003年底，我和妻子阿格尼丝举行了婚礼并开始共同生活，尽管这意味着生活方式发生巨变（从独立生活到共同生活），但在那段时间我们并没有发生什么冲突。阿格尼丝在2014年7月精神崩溃，因为这个变故，我们进入婚姻中最紧张的阶段，但这也并不是我们冲突最多的时候。事实上，我们最大的一次冲突发生在2014年2月到3月，也就是我们结婚10年之后。那时我们共同创办了一家非营利机构“有意洞察”，致力于对认知偏差和明智决策的研究成果进行推广。

以前，阿格尼丝和我合作过很多次，但我们从来没有合作过像创立“有意洞察”这样大的项目。因此不久之后，我们就开始在组织战略上产生大量分歧——每当我对于“如何从某个角度推动非营利组织的发展”产生灵感，并带着对项目巨大潜力的兴奋和热情与她分享想法时，她的脸上却露出担忧的表情。她总会批评这个想法，指出它哪里可能有问题；然后我们就开始争论，我指出这个想法的所有优点，而她则专注于缺点。尽管我们最终会在如何推进上达成一致，但折中的解决方案通常不会让任何一方满意，只会带来不安和不快。

早期的这些战略之争让我们筋疲力尽，感到彼此之间有了距离。这些争吵对婚姻关系有很大影响，我们越来越疏远，不得不付出很多努力来维持以前的情感联结水平。

你曾经遇到过这样的冲突吗？你身边有人总是在你兴高采烈时对你泼冷水吗？当家里有人提出一项重大计划（例如装修房屋或家庭度假）时，这种冲突就经常发生。我为企业和非营利组织提供咨询时经常发现，当某些团队成员提出想法时，总有另一些成员简单粗暴地加以否定——这种否定是造成团队冲突的主要原因。

为什么人们会这么做？我曾很困惑，直到后来我和阿格尼丝找出矛盾的根源并加以解决时才算真正明白——在她看来，我太鲁莽了，我的想法不成熟，这可能会损害组织的长远利益；她没有从我的表述中听出我要如何让想法落地，所以认为这些想法不切实际且具有风险；她担心受到不必要的伤害，为了保护我们的非营利组织，她觉得自己除了反对别无选择。

在你的生活、社群或工作单位中，是否有人经常分享不成熟的想法？你是否觉得自己有义务站出来反对这些不切实际的提议？如果你的答案是肯定的，那你就能理解阿格尼丝了。

你现在可能已经意识到，我和阿格尼丝在面对风险和收益的问题上有着极其显著的个性差异，这是我们最终才发现的事情。我是个乐观主义者，这意味着我的直觉相信未来一切都会好起来，但这就会让我过分忽视风险；而阿格尼丝则是个悲观主义者，她善于预见未知的危险，这就导致她更愿意规避风险。例如，面对盛有一半水的杯子，我想的是它还可以再装一半水，而她想的却是现有的水也会逐渐蒸发；面对一座高大的山峰，我倾向于关注绿草青青、充满生机的向阳山坡，而她则关注枯草遍地、满是萧条的背阴一侧。

像我这样的乐观主义者通常会产生很多创新想法，因为我们总坚信会有光明的未来，无视可能的风险。我们会与他人分享大致的思路，但不会深入思考实施细节以及各个方面的可行性。相比之下，悲观主义者通常很难产生创造性的想法，因为他们的直觉告诉自己未来是黑暗的，因此更愿意去考虑想法的不足。就算有了创意，如果没有想好如何在现实中落地，他们也不会贸然分享自己的想法。

因此，如果你是一个常常提出想法却被别人反驳的人，那你可能是一个乐观主义者；反之，如果你是那种要求别人切勿好高骛远，时刻保持脚踏实地的人，那么你可能是一个悲观主义者。这两者不分好坏，他们都代表了一种有缺陷的思维方式。

不幸的是，就像“过犹不及”这个成语所说，无论是乐观主义者还是悲观主义者，只要我们承担过多风险或不愿冒任何风险，都可能因此犯错，这些错误会对他人产生影响，甚至会严重损害人际关系。同时，如果我们合作的对象是一位与自己对风险的态度完全相反的人，那么除非使用有效的沟通模式，否则最终很可能会陷入大量分歧，破坏关系——这种沟通方式后来也被我们沿用到对客户的咨询工作中。

下面我们将深入探讨由盲目承担过多风险或过于规避风险所引起的问题，并为如何在人际关系、社会生活及职业工作中解决这些问题提供建议。

乐观主义偏差

“乐观主义偏差”（optimism bias）是指低估未来负面事件发生的可能性（Sharot, et al., 2012）。从进化心理学的角度来看，让某些部落成员对光明的未来充满信心是有益的（Johnson, Fowler, 2011）。

乐观主义让人更愿意冒险，走出去并寻求新资源。同样，乐观主义偏差会鼓励年轻的男性为争夺资源与其他部落作战：如果战士们对自己在战斗中的生存率没有夸大的估计，那么部落可能无法生存下来。此外，乐观的个体更有可能为提升自己在部落内部的地位而奋斗，在内部斗争中获胜，进而繁育更多后代、延续基因。乐观主义者总会去做更多尝试，他们也因此必然会遭遇更多失败，而在原始的草原环境中，失败就几乎等同于死亡——不过，若他们取得成功，则意味着可以比悲观主义者繁衍更多后代，这有助于解释为什么有80%的人（无论是什么种族、民族和性别）有乐观主义偏差（Sharot, 2011）。乐观主义偏差还有其他好处，比如有助于减轻抑郁和焦虑、保持健康、延长寿命，以及提高生产力（Mckay, Dennett, 2009）。

当然，乐观主义偏差也会带来危险。比如，如果对吸烟、过度消费、肥胖等不良状态或习惯带来的后果有着不切实际的乐观假设，人们就更可能陷入其中而无法自拔。经济学家发现，全社会的乐观情绪会影响金融市场的兴衰周期——以2008年金融危机为例，那时大约有五分之一的小企业在开业一年内倒闭，有一半小企业在成立五年内倒闭（SBAOffice of Advocacy, 2012）。

乐观主义偏差为什么会对人际关系造成伤害呢？一方面是因为在生活中，乐观主义者与悲观主义者观念上有冲突（就像我与阿格尼丝之间），另一方面也因为乐观主义偏差本身会让人作出错误的决定，继而影响人际关系。下面的例子生动地说明了后一种情况。

老陈是根深蒂固的乐观主义者。作为一位出色的厨师，他的厨艺灵感一般源于祖母的中餐食谱，以及自己在创新融合中餐方面的想象力。他经常在家里款待朋友，朋友们也十分享受他对烹饪的创意。

更早之前，老陈本是一位有十多年资历的软件工程师，当他所在的公司与另一家公司合并时，他被解雇了。于是，他想要好好利用自己这双有创造性的手——他决定用自己厨艺上的才华，开设一家名为“奶奶和我”的中式融合餐厅来谋生。

为了获得启动资金，老陈向银行申请12.5万美元贷款。不幸的是，由于小型企业的失败率很高，银行没有贷款给他。于是老陈决定调转方向，从他过去邀请到家里做客的朋友那儿借钱，并承诺在新公司成立后的一年内以高额利息归还。老陈的朋友们对他的烹饪技术充满信心，他们相信其他人也会喜欢上老陈创作的菜肴，所以他们都倾囊而助。

就这样，老陈的餐厅大张旗鼓地开业了，向他放贷的朋友们都出席了开业仪式。他们还向自己的朋友们宣传，邀请了一些人来尝鲜。然而，老陈烹饪的料理过于不同寻常，以至于口味与吃客们的期望并不相符。在家里请客的时候，老陈会从各个方面向客人们介绍菜肴，他所讲述的故事及其热情态度使客人们不再关注食物原本的味道，这种沉浸式的体验让他们十分享受和愉悦，然而在餐馆里，老陈不得不把时间花在烹饪上。如此一来，食物并不理想的口味使客人的热情很快消逝，第三方探店平台中对餐厅的负面评价不断增加，来就餐的人越来越少。

毫无疑问，老陈的确是一名出色的厨师和优秀的程序员，但他缺乏足够的营销和销售技能。在开餐厅前，他没有花时间去掌握这些技能，也没有评估过失败的可能性及接踵而来的状况。在朋友们的鼎力支持和自己乐观心态的诱导下，老陈甚至没有制订过一份实实在在的商业计划。

对自己创业的风险视而不见导致老陈欠下很多钱。尽管朋友们很喜欢老陈的食物，但作为投资者，一旦发现老陈并没有花时间去学习如何成为一名老板，大多数人就会无比失望。在这种经营状况下，老陈没办法还钱给他们——于是，朋友们自然而然地选择远离老陈，毕竟金钱是人际关系中最大的冲突来源之一。

三个方面的因素使老陈犯下乐观主义偏差：首先，他对于自己的烹饪水平抱有盲目自信；第二，他没有意识到在家里招待朋友时，他的佐餐故事是让大家接受他不走寻常路的菜品的关键因素；第三，更重要的是，他没有事先预估创业可能遇到的问题就草率行动。像老陈这样的乐观主义者往往高估自己的能力，高估别人对自己的友好和支持，同时也忽略了自己计划中存在的潜在陷阱。

发现乐观主义偏差

请拿出日记本，花几分钟写下你对这些问题的答案：

- 生活中，你在哪些地方会陷入乐观主义偏差？它是如何损害你的人际关系的？
- 你是否见过其他人也陷入了这种认知偏差？它又是如何损害他们的人际关系的？

纠正乐观主义偏差

我和阿格尼丝是怎么解决矛盾的？你可能会猜我们都做了妥协，各自坚持主张的乐观主义者和悲观主义者选择各退一步。但事实并非如此。

毫无疑问，无论是情侣之间还是在其他的亲密关系中，解决冲突的主要方式都是妥协。当阿格尼丝和我有不同的喜好时，我们也经常妥协——比如，我喜欢家里保持在24摄氏度，而她更喜欢20.5摄氏度，于是我们就把空调设定为22摄氏度；又比如，我喜欢坐着吃饭的餐厅，她喜欢站立的柜台服务，因而我们的约会以两周为一个循环，前一周去我喜欢的餐厅，下一周去她喜欢的——这样的妥协反映了我们不同的价值观和品味，代表了健康婚姻关系中相互让步的一部分。

但是，我们对共同创立的非营利组织有相同的价值观：我们要利用资源尽可能广泛地传播纠正认知偏差和科学决策的策略——我们之间的分歧不是在价值观上，而是在方法论上。尽管我们不能客观地评判是24摄氏度更好还是20.5摄氏度更好，但是能评价某一个方法可以为推进我们的共同使命发挥多少效能。

因此，我们不是相互妥协，而是相互合作。我们都发挥所长，同时也用“获得外部视角”的纠偏技术来自省——具体来说，就是从对方的乐观主义或悲观主义视角来看问题。

在讨论发展战略时，我会产生许多创意。但我尽可能放弃那些不够成熟的想法，只把相对成熟的告诉阿格尼丝。她会以小风险高回报为导向，从中选出几个她认为缺陷最少的创意。然后，她向我指出所选创意中的潜在缺陷，并与我一起寻找解决这些缺陷的方法。这是一个乐观主义者（我）和一个悲观主义者（阿格尼丝）之间的合作，最终我们会共同确定一些巧妙的主意，这些主意让我们只需要很少的投入就能产生巨大的影响。如今，我们已用类似的策略调解了朋友间、社群里以及工作中许多乐观主义者和悲观主义者之间的冲突。

我们也可以通过“事先承诺”来消除这一认知偏差——坦诚地告诉身边的人，自己有时会有乐观主义偏差，让他们在我们过于兴奋时及时指出问题。我和阿格尼丝都会向别人坦白自己倾向于出现的偏差，以帮助他们给予反馈，也帮助他们更好地评估我们的判断。

对于老陈来说，无论是从更加悲观的朋友那里获得外部建议，还是特地提前向其他人告知自己的乐观主义偏差倾向，都会使他受益匪浅。如果朋友们了解他是个乐观主义者，就会鼓励他在开餐厅之前花更多时间来评估自己的商业计划。同时，他们也不太可能那么轻易地借钱给他。如果朋友已了解老陈有夸大自己能力的倾向，仍愿意借钱给他，那么也会做好赔钱的准备，这样也降低了因赔钱而闹掰的可能性。

纠正乐观主义偏差

在继续看下去前，请花几分钟时间写下你对这些问题的回答：

- 你将如何用“获得外部视角”来缓解自己的乐观主义偏差？具体来说，你将如何实施这一策略？你预计在实施中会遇到哪些挑战？你将如何克服这些挑战？你将使用什么标准来衡量自己是否成功实施了这一策略？如果策略实施成功，你未来的人际关系将会怎样？
- 你将如何用“事先承诺”来让周围的人帮助你解决乐观主义偏差？具体来说，你将如何实施这一策略？你预计在实施中会遇到哪些挑战？你将如何克服这些挑战？你将使用什么标准来衡量自己是否成功实施了这一策略？如果策略实施成功，你未来的人际关系将会怎样？

泼冷水的乌鸦嘴

悲观主义偏差

“悲观主义偏差”（pessimism bias）是一种与乐观主义偏差相对的、高估未来危险的认知偏差（Menon, Kyung, Agrawal, 2009）。它远没有乐观主义偏差那么普遍，所以你应该特别珍惜生活中少数那些能够对未来持怀疑态度的人。

从进化心理学来看，如同对未来过度乐观那样，悲观主义的看法也同样有价值（McNamara, et al., 2011）。部落中规避风险的成员会选择留在后方，让乐观主义者去探寻资源，而自己负责守护已有的资源。因此，在困难时期，悲观主义者能够更好地帮助部落；而在繁荣时期，乐观主义者会给部落带来更多利益。

对个体来说，悲观主义者往往不如乐观主义者健康——他们往往更容易患上抑郁症（Alloy, Ahrens, 1987），他们的身体健康状况也更差（Schulz, et al., 2002）。此外，在美国社会中，悲观主义者常遭到歧视，被认为是扫兴的人，于是他们更难形成健康的社会关系（Helweg－Larsen, Sadeghian, Webb, 2002）。但是，研究表明，悲观主义对自我反省和进步是相当有益的（Norem, Illing worth, 1993）；同样，这种倾向在处理危险的情况时也会给我们带来实质性的好处（Norem, Cantor, 1986）。

2004年“周六夜现场”(Saturday Night Live)中一个广受欢迎的小品把夏洛特（Charlotte）与发表负面评论，进而让别人扫兴的人联系起来，从那之后，人们就开始称夏洛特为“扫兴者”(Debbie Downer)。夏洛特对这个词非常厌恶，但她仍然克制不住自己的本能想去帮助过度乐观的人看到危机。可是，夏洛特的家人、朋友、教友以及同事们却将巨蟒乐队（Monty Python）1979年创作的歌曲《总是看到生活的光明面》（*Always Look on the Bright Side of Life*）中的歌词作为座右铭，这让她感到不可思议。他们总是无视她的忠告和警示，尽管事实往往证明夏洛特的预言都是正确的。夏洛特觉得自己就像一个现实版希腊神话里的卡桑德拉(Cassandra)，永远在讲述不被人相信的真实预言。

夏洛特没有意识到的是，当她批评别人计划中的问题时，他们会觉得自己在被攻击。她对朋友们说，“你们买豪华车就是个愚蠢的主意”；她对教友说，“通过义卖糕饼进行筹款的活动是永远不会成功的”；她还对同事说，“我们永远不可能争取来那个客户”。在夏洛特看来，自己的批评是一种支持和帮助他人的方式；然而，这种方式对于大部分人（包括乐观主义者，甚至一部分悲观主义者）来说，不啻为一种攻击，让人们没法好好相处。真正可取的方式是什么？那就是在我们夫妻俩搞清楚如何更好地合作后，阿格尼丝使用的那种建设性的批评。这种批评能够帮我改进想法，同时也允许我们继续友好相处。相反，夏洛特的做法让她很难交到朋友，无论是在教会还是在工作中，她都几乎没有盟友。

更糟糕的是，在自我评价方面，夏洛特也使用了同样的破坏性批评。她不接受自己哪怕一点点的超重，每次照镜子时，无论事实如何，她脑海中都会闪现出“我是个胖子”这样的自我批评。每当她在工作中遇到挫折，就会像天塌了一般，意志消沉。每当和朋友发生了一些小冲突，她就会为这事思来想去好几天，不断想象着朋友离自己而去。

找出悲观主义偏差

请拿出日记本，花几分钟写下你对这些问题的答案：

- 生活中，你在哪些地方会陷入悲观主义偏差？它是如何损害你的人际关系的？
- 你是否见过其他人也陷入了这种认知偏差？它又是如何损害他们的人际关系的？

纠正悲观主义偏差

“获得外部视角”和“事先承诺”既适用于前文讲到的乐观主义偏差，也对纠正悲观主义偏差非常有效。阿格尼丝用第一种方法极大地改善了与我之间的合作，并用第二种方法让周围人帮助她重新评估计划。然而，值得注意的问题是，悲观主义者通常比乐观主义者拥有更少的社会支持，一方面是因为我们的社会长期以来对于悲观主义者存有偏见，另一方面则是因为悲观主义者很难维持密切的社会联系，他们难以提供别人想要的社会支持。

对于悲观主义者而言，用“换位思考”来消除偏差十分有效。我们身边的大多数人都是乐观主义者，他们不会认为自己的计划和想法有什么问题。如果像夏洛特那样只是简单地抨击别人提出的想法，就属于破坏性的批评，通常会激起防御性的抵触或逃避的反应。被批评的乐观主义者要么选择逃避，闭口不再谈这个问题，要么无视批评中有道理的一面而全盘抵制，进而导致一场激烈的、破坏性的辩论。

对悲观主义者来说，能够支持他人的最有效的方法就是，在看到他人想法的不足时，务必找到可以改进的具体方面，最好能提出具体的改进建议。阿格尼丝学到了这一招，我们也将这一方法传授给了很多人。这样的批评是建设性的，它不仅有助于打造优秀的创意，更重要的是可以促进我们与被批评者之间的关系，让对方感觉我们在情感上与他们站在一起，和他们一样希望想法获得成功，热心协助他们通过改进想法来提升成功率。

所以，请千万不要对朋友直截了当地说“买辆豪车是个愚蠢的想法”，而可以说：“很高兴听到你有这个想法，但它会不会与你提前退休的计划冲突呢？”也不要直接说“通过义卖糕饼进行筹款活动的人是永远不会成功的”，应该委婉地劝诫：“我祝愿通过义卖糕饼可以成功筹集到我们修缮屋顶所需要的资金。但也有必要做好预案，万一资金没有筹集成功，我们还能组织什么形式的募捐活动？”同样的，与其直接告诉同事“我们永远不可能争取来那个客户”，不如告诉他们：“这是一个很大的挑战，我们应该努力实现它。但如果无法实现，为了达到季度销售目标，我们是否应该制订其他更容易实现的方案呢？”

同样的策略也可以帮助我们进行自我对话。考虑一下，如果就同一个话题和朋友交流，你会怎样向他提出建设性的意见？请用相同的说法与自己交谈。这样，当你觉得自己胖时，就不会贬低自己，而是告诉自己，“如果要减重，骑车上班比开车更有帮助”；当你在工作中遇到挫折时，告诉自己，“把注意力集中在能学到什么，如何提高自己的能力上”；当你和朋友发生一些小矛盾，担心他会离开你时，对自己说，“如果他因一点小矛盾就离开，那么他本来就不适合我”。

假如你仍然像夏洛特那样受困于自责和消极的自我对话，那么可以考虑寻求专业帮助。夏洛特最终就这样做了，并被发现患有抑郁症。之后，她接受了三个月的认知行为治疗，感觉自己有了明显好转，自我对话的内容也变得更有建设性。

纠正悲观主义偏差

在继续之前，请花几分钟时间写下你对这些问题的回答：

- 你将如何用“获得外部视角”来缓解自己的悲观主义偏差？具体来说，你将如何实施这一策略？你预计在实施中会遇到哪些挑战？你将如何克服这些挑战？你将使用什么标准来衡量自己是否成功实施了这一策略？如果策略实施成功，你未来的人际关系将会怎样？
- 你将如何用“事先承诺”来让周围的人支持你的工作，并解决你的悲观主义偏差？具体来说，你将如何实施这一策略？你预计在实施中会遇到哪些挑战？你将如何克服这些挑战？你将使用什么标准来衡量自己是否成功实施了这一策略？如果策略实施成功，你未来的人际关系将会怎样？
- 你将如何利用“换位思考”来帮助自己解决悲观主义偏差？具体来说，你将如何实施这一策略？你预计在实施中会遇到哪些挑战？你将如何克服这些挑战？你将使用什么标准来衡量自己是否成功实施了这一策略？如果策略实施成功，你未来的人际关系将会怎样？

小结

我和阿格尼丝过去的冲突常常源自彼此矛盾的悲观／乐观主义偏差，这也是我们关系的弱点；但在我们学会从对方的视角获得建议之后，这方面差异反而成为了真正的优势。现在，我们已将这一策略成功应用到社交活动和专业工作中。我会告诉阿格尼丝所有商业咨询项目的细节，包括在领导力、团队合作和员工激励等方面的计划，希望她能帮助我纠正乐观主义偏差，避免潜在风险。

反过来，她也会告诉我她咨询业务的细节，她非常擅长对非营利机构的系统、流程和组织进行改进。我给予她的帮助主要是为她提供创新的想法，来解决客户的非常规问题。

最终，我们学会了好好合作，这让她从精神崩溃中成功恢复过来，后来我们还合并了各自的咨询业务。现在，随着在专业和社会活动上的合作，我们不仅在事业上越来越默契，婚姻关系也越来越融洽。如果你在2014年3月告诉我，我们俩不仅要一起生活，还要一起工作，我一定会笑掉大牙。但如今，这就是事实。我们在相处中学到的关键一点是，承认自己的偏差，在利用优势面的同时，还要致力于避免偏差带来的问题，最终成为现实的乐观主义者或现实的悲观主义者。

虽然学了很多，仍可能有读者不愿做练习，不愿整合地运用所学的技巧。如果你也有这种想法，那么下面，你就会意识到，原来自己的这个反应完全符合一种偏差——即使别人分享了有益的建议，我们也未必愿意听取。

“别教我做事”

我是密友杰夫婚礼上的伴郎。然而在一年前，他却很抗拒和交往已久的女友结婚，即使女友非常想和他结婚。

杰夫对婚姻的态度很消极，他把婚姻看作社会为了改善道德风气和限制性文化而推崇的行为。虽然他很重视和女友之间的信任和感情，但婚姻法的规定与他对爱情的态度背道而驰。他认为做出终身承诺是虚伪的，因为现实中很多婚姻以离婚收场。

然而，2016年美国总统大选带来的政治动荡让杰夫决定重新评估自己的个人选择。他告诉我他必须开始做出更好、更负责任的决策——在重新思考人生时，他花了很长时间认真考虑对婚姻的看法，意识到自己不愿结婚的根本原因是不想屈服于社会和同龄人给予他的压力。作为一个特立独行的人，他不想遵循主流的关系法则。他觉得自己与马龙·白兰度（Marlon Brando）在电影《飞车党》（*The Wild One*）中饰演的角色——一个20世纪50年代的摩托车团伙头目有很大共鸣。当马龙被问道“你究竟在叛逆什么”时，他回答“一切”。他也与摇滚乐队“暴力反抗机器”（Rage Against the Machine）的扎克·德拉罗查（Zach de la Rocha）有共鸣，扎克曾尖叫道：“去你的，我永远也不会按你说的做！！！”杰夫说：“如果我感觉社会期望我做一件事，我更趋向于不做这件事，甚至想做相反的事情。”

在进一步思考自己的这种抗拒心理时，杰夫意识到这种心理在某些情况下对他没有好处，尤其对生命中最重要的关系不利。他意识到，结婚是会给他和女朋友带来很多好处的。在社会网络方面，他和女朋友都会得到双方家人和朋友的支持；在法律方面，他们在社会安全系统中被关联起来，会因此获得联合医保的机会和各种法律上的权利，如医疗决策权和自动近亲继承权。

一旦杰夫用意识系统来看待此事，而不是任由自动驾驶系统带着他反叛规范，他就发现婚姻带来的好处比带来的不便更多、更重要，所以他最终选择求婚，而他的女友也接受了。杰夫感到如释重负，仿佛潜意识中一直知道和女朋友结婚是正确的选择，他很庆幸自己没有被抗拒的心理阻碍。

自动驾驶系统会让人奉行不服从主义，这会伤害到人际关系。同时，它也会让人奉行自动屈从主义，这同样是有害的。

抗拒心理

“抗拒心理”（reactance）是指当某人或某事限制我们的行为自由或选择范围时，我们容易产生抗拒的负面情绪（Brehm, Brehm, 2013）。无论限制是不是真的有影响，这种偏差都会让人体验到负面情绪。

抗拒心理在原始草原的环境中可以找到清晰的进化意义上的解释。首先，如果部落中有不服从主流的成员质疑糟糕的领导决策，部落就更可能重新评估并修改不合理的决策。质疑主流有助于发展创新，从而改善现有的做事方式，并且适应环境的变化。其次，在青少年的生命阶段，抗拒心理可以帮助孩子渐渐脱离父母，在部落中找到自己的角色。这与大脑激素的变化有关，它在现代社会和原始时代一样重要。莎莉和她15岁女儿莉齐之间发生的事情就是很好的例子。

莎莉不喜欢莉齐的新男友马克。莉齐的成绩很好，经常上荣誉榜；相比之下，马克的成绩通常不及格。莉齐穿得整整齐齐，而马克则衣冠不整。莉齐放学后做志愿者和做瑜伽的时候，马克在玩电子游戏。

莎莉担心马克会对莉齐有负面影响。几个星期后，她再也忍不住了，就对莉齐坦白了对马克和他们关系的看法。过去，莉齐会听信母亲对人们的评价，但是这次她没有。莉齐为马克辩护，她认为马克拥有敏感而自由的灵魂，是一个善良而富有同情心的人，并且认为莎莉和其他人都不理解他。这是莉齐第一次对莎莉提高嗓门说话，她说她爱马克，请母亲不要再对他评头论足了。

莎莉不知道的是，莉齐对马克也有自己的疑虑。虽然她认为他很有趣，但是他和自己截然不同。马克和他的朋友都会自豪地宣称自己是个懒汉，而莉齐从小被莎莉培养成雄心勃勃、积极进取的人。她很享受马克和他的同伴带来的慵懒和舒适的感觉，并借此逃避家里的压力。

不过，莉齐发现自己很难和马克建立感情联结。他似乎对电子游戏、闲逛和性以外的任何事情都不感兴趣。马克满足于高中毕业后留在他们的小镇上，而莉齐已经在计划她的大学生涯了。

然而，莎莉对马克的攻击，使莉齐对于继续走妈妈希望她走的那条又直又窄的人生道路感到更大的压力。莉齐抛开了对马克的疑虑，站在马克的立场上与母亲发生了第一次重大冲突。她一边和妈妈吵架，一边继续和他约会了几个月。因此，她和母亲的关系变得冷淡，而她父亲明智地回避了争吵。最终，她父亲说服了母亲，让她克制自己的消极情绪，接受女儿的选择。莎莉不再对马克发表刻薄的评论，她和女儿的关系也逐渐改善。在莎莉停止针对马克几个星期后，莉齐就和马克分手了。

杰夫的逆反源于他的核心人格，莉齐的逆反则源于特定生命阶段的特征。在这个阶段，青少年想要从父母的影响中解脱出来，寻求自主。莎莉的自动驾驶系统让她使用了以前有效的方法，试图要求莉齐停止和马克约会——这条路是熟悉而自然的，对青少年使用与孩童时期相同的育儿方法是很多家长的通病。不幸的是，青少年大脑中的激素水平发生着剧烈的变化（Peper, Dahl, 2013），他们越来越不以父母为意，相反，越来越多受到同伴群体的影响（Somerville, 2013）。在孩子进入青春期后，为了避免莎莉和莉齐之间的这种矛盾冲突，父母应该调用自己的意识系统来改变养育方式。

发现抗拒心理

当我建议你做这些练习时，你可能会有这种感觉——“我不想照你说的做”。练习在帮助我们解决认知偏差以改善人际关系方面的确可以发挥重要作用。请拿出日记本，花几分钟写下你对这些问题的答案：

- 生活中，你在哪些地方出现过抗拒心理？它是如何损害你的人际关系的？
- 你是否见过其他人也出现了这种认知偏差？它又是如何损害他们的人际关系的？

应对抗拒心理

在应对抗拒心理时，我们需要区分两种情况。在一种情况下，我们自己是那个被限制自由而心生抵触的人——这时，尽管不由自主地想要抗拒，但我们也想为保护关系做出最好的决定——杰夫就属于这样的例子。在另一种情况下，我们是那个因为限制了别人的自由而被抵触的人，例如莎莉面对莉齐的反抗就是这种状况。

“考虑其他解释”是一种对抗拒心理有效的纠偏技术。抗拒心理的内在本质是反对外界权威限制自己的选择，与此相关的自动反应就是去做与外部权威的期望完全相反的事情。

例如，莉齐可以和母亲谈谈她的感受，而不是直接为马克辩护。她可以向母亲敞开心扉，表达自己的担忧：母亲攻击马克，是不是想通过干扰她首次独立发起的行动，来试图操控她的一生？莉齐也可以和母亲沟通，自己已经长大了，需要更多的自由和自主，希望不要再被当作小孩子来对待。因为申请大学重点关注的是学生的成绩和课外活动参与情况，莎莉很重视这两项，所以莉齐还可以与莎莉约定：只要她保持成绩优异，并且积极参与课外活动，就可以与任何人约会。

杰夫也可以用另一种视角来看待婚姻。他不必将走进婚姻视为向社会习俗低头，而可以从目标达成的角度，也就是从利弊权衡的角度衡量要不要结婚，评估结婚是否有助于实现人生的总体目标。后来他告诉我，如果他真的在更早的时候就冷静下来思考这个问题，他会选择更早和女友结婚。那么，在你的生活中，有什么事情是需要从另一个视角来重新评估的吗？如果有，现在就可以思考起来，不必等到外界因素迫使你这么做。

另一个相关的纠偏策略是“设想场景重现”。莎莉可能已经注意到，她对马克的一味批评不仅没有带来想要的结果，反而让自己与莉齐的关系恶化了。莎莉可以想象如果她继续重复同样的行为，未来会发生什么。考虑到这一点，她可能会意识到，为了维持和谐的母女关系，自己应该停止简单地贬低女儿的选择。

与之相反，莎莉可以着眼于长远的未来，考虑到女儿将成为一个完全独立的成年人，可以与之进行一场成熟的对话。莉齐和马克明显是不同世界的两个人，他们为什么会走到一起呢？莎莉可以带着好奇和共情的心态询问促使他们约会的原因。这样的对话会让莎莉有机会了解到，随着女儿的成长，她渴望获得更大的自主权，因此对莎莉独裁的养育方式越来越反感。在更多了解莉齐的情感之后，莎莉可以表现出更成熟的反应，利用自己的意识系统找到更有效的养育方式，而不是像许多父母那样只是靠自动驾驶系统来养育孩子。

应对抗拒心理

在继续之前，请花几分钟时间记录下你对这些问题的答案：

- 你将如何用“考虑其他解释”来应对抗拒心理？具体来说，你将如何实施这一策略？你预计在实施中会遇到哪些挑战？你将如何克服这些挑战？你将使用什么标准来衡量自己是否成功实施了这一策略？如果策略实施成功，你未来的人际关系将会怎样？
- 你将如何利用“设想场景重现”来应对自己或周围其他人的抗拒心理？具体来说，你将如何实施这一策略？你预计在实施中会遇到哪些挑战？你将如何克服这些挑战？你将使用什么标准来衡量自己是否成功实施了这一策略？如果策略实施成功，你未来的人际关系将会怎样？

专家的话可靠吗

权威偏差

正如乐观主义偏差有其相反的形式——悲观主义偏差，抗拒心理也有它的对立面——权威偏差（authority bias），也被称为服从偏差（obedience bias）。这种认知偏差是指人们重视并服从权威的程度超过实际应有的水平（Caprio, 2008）。

就像一些成员的抗拒心理对部落有利一样，更多的部落成员（很可能是绝大多数）服从领导的权威也是对部落有利的。部落往往不得不迅速作出艰难而重要的决定，部落生存下去的决定因素在更大程度上是大多数成员的凝聚力，而不是决定的准确性。即使内心反对部落的决定，仍要保持团结，这对生存至关重要，因为在稀树草原的原始环境中，如果被踢出部落，那就死定了。难怪今天大多数人都有过度服从权威的倾向。

以瑞雅达为例，她在背部和颈部疼了一个月之后，去找朋友和家庭医生迪帕看病。迪帕看不出问题所在，就推荐她到骨科医生马克那里。在做了检查之后，马克诊断出引起疼痛的原因是她的两处椎间盘退化了。

马克建议进行脊柱融合手术，认为这是治疗椎间盘退化最好的方法。他强调物理治疗可能有助于缓解疼痛，但不能解决根本问题。瑞雅达想根治疾病。因为有迪帕的推荐，她相信马克权威可靠，所以同意进行手术。这是一次费用昂贵的手术，瑞雅达花了4300美元保险费，又花了三个月的时间进行康复和理疗。

手术带来了新的疼痛，而旧痛却并未消失。瑞雅达对结果非常不满，四处寻找新的办法。一位朋友建议她去找一位人体工程学专家，他的专长是观察人们如何与物理环境互动，尤其是在工作场所的物理环境，借此解决可能存在的问题。这位人体工程学专家观察了瑞雅达在几个月前开始使用的工作场所，发现她的键盘、鼠标和电脑屏幕摆放的位置有问题，会引起使用者颈部和背部的疼痛。在改变了摆放位置后，瑞雅达原本的疼痛迅速消失了。

瑞雅达对她的朋友和马克都很失望，决定自己研究这种疾病。她发现，在多数情况下，椎间盘退化不会引起疼痛，即使引起疼痛，疼痛通常会在几分钟内减轻或在几个月内完全消失（Deyo, 2007）。从长期效果看，接受成本较低的非手术治疗的患者，其疼痛程度与接受手术治疗的患者相当（Jacobs, et al., 2011）。不幸的是，个别草率的骨科医生不管手术是否真的有效，都会怂恿病人接受手术，毕竟这种昂贵的手术可以为外科医生带来丰厚的经济和声誉收益（Stahel, VanderHeiden, Kim, 2017）。意识到这一点的瑞雅达对迪帕的友谊和信任大打折扣，更不用说对马克了。

发现权威偏差

请拿出日记本，花几分钟写下你对这些问题的答案：

- 生活中，你在哪些地方陷入过权威偏差？它对你的关系有什么损害？
- 你是否见过其他人也陷入这种认知偏差？它又是如何伤害他们的人际关系的？

克服权威偏差

克服权威偏差，可以借鉴前面提到的两种纠偏技术——“考虑其他解释”和“设想场景重现”。不过，还有两种技术效果可能更好。

一种是使用“概率思维”。权威偏差的大部分问题源于两个因素:第一，过于相信权威信息的准确性；第二，高估听信权威信息带来的好处。如果你意识到自己跟大多数人一样，容易受到权威偏差的影响，那么就要调动意识系统来评估这两个因素。

比如，瑞雅达在得到医生关于她颈背部情况严重的诊断以及手术建议后，应该做些什么呢？首先，她应该评估医生诊断的总体准确性。平均而言，医生有10% ~ 15%的误诊率（Graber, 2013）。如果只关注瑞雅达这种较难诊断的严重疾病呢？世界著名的梅奥诊所有一项研究发现，严重疾病有21%的可能被误诊，66%的可能得不到全面的诊断（an Suck, et al., 2017）。前文提到的过度自信是误诊的主要原因（Berner, Graber, 2008）。

以上是基本概率，即在没有任何进一步证据的情况下，某件事发生的初始概率。考虑到这个比例，瑞雅达有理由基于“概率思维”策略对马克的诊断持有一定程度的怀疑。明智的做法是再去听听其他医生的意见，最好是询问一位不擅长外科手术的不同类型的医生，比如疼痛管理专家。

然后，瑞雅达应该立即着手去做她在术后三个月才做的那些研究，以此来强化证据基础。通过这项研究，她会发现有更多的理由来怀疑马克的诊断，尤其是他激进而昂贵的手术建议。

与使用“概率思维”相关的另一种纠偏方法是“预测未来”。有了收集到的证据，她大概已经估计到未来的几种可能：第一，她可以预测疼痛是否真的由椎间盘退化引起，考虑最近有没有发生什么生活变动——她可能会想到自己换了新工作，并因此更早求助人体工程学专家。第二，即使疼痛是由椎间盘退化引起的（显然不是），她也可以预计疼痛是否会像其他椎间盘退化的案例一样在几个月后自行消失。第三，如果疼痛没有消失，她可以预测保守治疗是否会解决疼痛问题。此外基于她前面做的功课，可以非常自信地判断脊柱融合手术的治疗方案不能满足她的需求。

使用“概率思维”和“预测未来”的结合能有效帮助我们和权威人士打交道。关于预测力的研究表明，专家往往更倾向于过度自信（Tetlock, Gardner, 2016），也会做出更多错误判断，比如，金融分析师的预测不如天气预报员的预测准确（Tyszka, Zielonka, 2002）。总的来说，面对专家的意见时，要对他们的过度自信心中有数，降低对其判断准确性的信心。同样，如果我们自己就是权威人士，要更为谨慎，因为别人会过于信任我们所说的话。

克服权威偏差

在继续之前，请花几分钟时间记录你对这些问题的回答：

- 你将如何使用“概率思维”来解决权威偏差？具体来说，你将如何实施这一策略？你预计在实施中会遇到哪些挑战？你将如何克服这些挑战？你将使用什么标准来衡量自己是否成功实施了这一策略？如果策略实施成功，你未来的人际关系将会怎样？
- 你将如何使用“预测未来”解决权威偏差？具体来说，你将如何实施这一策略？你预计在实施中会遇到哪些挑战？你将如何克服这些挑战？你将使用什么标准来衡量自己是否成功实施了这一策略？如果策略实施成功，你未来的人际关系将会怎样？

小结

不论是顺从权威还是反抗权威，我们的人际关系和整个生活都可能因此受到伤害，听上去这显得矛盾和讽刺，其实它们都是过犹不及。我们需要意识到自己有何种倾向，采取必要的措施来纠正它，从而找到黄金的中间点。

杰夫的故事让我们看到，人是可以成功克服这些偏差的。他重新评估了自己的人生选择，在认识到过去的错误时没有置之不理，而是通过采用“考虑其他解释”的纠偏方法，迈出了改变观念的艰难一步。当然，如果他更早醒悟会更好。但许多人即便有改变人生的契机，也不会抓住机会去做出调整。例如，即便已经经历过心脏病发作，也只有一小部分患者坚持遵循医嘱预防复发；即使吸烟的危害众所周知，也只有52%的抽烟者能成功戒烟（Choi, et al., 2013）。

我们不需要等待这样一次契机的到来，现在就可以行动。请评估一下现在的生活，看看抗拒心理或权威偏差会在多大程度上影响人际关系和生活的其他方面，然后就可以运用本章提供的纠偏策略来保护自己。

到目前为止，本书更多是在讨论如何避免自己内心的危险判断偏差，可是有时，我们也会看到其他人受情绪的影响而无视事实，产生认知偏差，甚至采取了不合理的行动，这时该怎么做呢？与他们争论常常是无济于事的。下面的沟通策略能帮助我们关心的人接受事实，认识到正在经历的认知偏差，并予以纠正。

对明显的事实视而不见

雄辩达人应对指南

与那些持有非理性信念(即与事实相悖的信念)的人进行激烈争论，很少能改变他们的想法，反而经常导致感情和人际关系破裂。坚守非理性信念，通常是源于各种认知偏见。本节为改变他们的想法提供了一套行之有效的策略，旨在帮助他们与现实的真相保持一致。

辩论是一种技巧。不可否认，如果真相在你这边，赢得一场辩论自然会容易些。不过，技巧娴熟的辩手可以轻易战胜那些技巧不精的人，哪怕对方的观点更接近真相。事实上，有关研究表明，参与辩论并不能减少认知偏见，人们反而会为了证明自己的论点而有偏差地搜寻和取舍事实依据(Perkins, Bushey, Fararady, 1986)。

除了为己方赢得辩论、寻求真理外，人们进行辩论的动机还有很多。有些人认为这是一种娱乐和享受的方式——对包括我在内的许多人来说，如果棋逢对手，双方用言辞的智慧之剑来搏杀，这让人感到兴奋；在对手的论据中找到弱点，然后刺穿他的防守狠狠打击，同时阻止对方对我方弱点的攻击，没有比这更有趣的了。

你是否注意到我刚才把辩论比喻成战斗？若没有，那是因为我们的语言结构让人自然而然地接受了这些恰当的隐喻（Lakoff, Johnson, 1980）。如果把辩论看作一场战斗，胜负的决定因素就是谁的观点具有压倒性，我们就不大可能去寻求真相。在我严防死守，免受对手攻击，同时调动所有力量发起反击的状态下，让我接受对方有价值的观点，这可能吗？因此，向那些持有非理性信念的人灌输与他们的信念相反的事实，只会适得其反，加强他们对错误信念的执着（Flynn, Nyhan, Reifler, 2017;Peter, Koch, 2016）。

我建议先在情感上接近他们，利用自动驾驶系统触碰他们观念的核心，这时再施加影响。请注意：下面描述的方法只适用于对待那些所持观念明显不符合现实的人。以下情况不宜使用：事实如何尚无定论；分歧体现的是价值观问题；或者纯属个人偏好的问题。

我与雄辩者的互动经历

请拿出日记本，花几分钟写下你对这些问题的答案：

- 你多久会和那些持有明显与事实相矛盾的非理性信念支持者争论一次？你是否从这些争论中获益？这样的争论对你有怎样的伤害？
- 有多少与你争论的人改变了主意？这些争论是如何影响你与他们以及他人的关系的？

认清事实五步法

当某人否认一个有理可依、显而易见的事实时，很可能是情感因素在阻碍他。这一现象可能体现在社会和文化问题上，如有人错误地相信疫苗会导致自闭症；也可能体现在日常工作和生活问题上，如商业领袖不承认公司业绩下滑的事实，或者老人否认自己视力不好。由于受到一种或多种认知偏差的左右，自动驾驶系统让人们偏离真相（Kahneman, 2011）。如果你试图用道理来说服他们，哪怕你只是出于好意，他们也可能会将之视作一种攻击。他们会用“战斗或逃跑”的本能应激反应来回应你，要么反驳你，要么缄口不言无视你。

我们可以用下面的方法来帮助他人清楚地认识现实。它包括五个步骤，分别为情绪（emotions）、目标（goals）、融洽关系（rapport）、信息（information）和正强化（positive reinforcement），简称EGRIP（Tsipursky, 2017）。

第一步：情绪

如果有人否认明确的事实，十有八九是情绪驱使他们这样做。我们需要运用同理心的技巧，即理解他人的情绪，来确定到底是哪些情绪导致他们否认现实（Mayer, Geher, 1990）。

第二步：目标

接下来，应该要为你们双方建立共同目标，这对于后面的知识共享至关重要（Ames, 1992）。例如，彼此的共同点是都希望忠于事实，无论这些事实会把人引向何方，他们都不愿自欺欺人，不愿因此造成更坏的后果。

第三步：融洽关系

共情倾听是促进信任关系的重要技能，它要求我们回应对方的情绪，并表明自己理解对方的感受。如果可以的话，分享一个有类似情绪的个人故事，对方可能会因此发自肺腑地欣赏我们对他们情感上的理解(Aggarwal, 2005)。

第四步：信息

现在，可以开始分享信息了。我们可以把一开始隐瞒的事实说出来。在分享事实之前，可以谈谈情绪可能会带我们偏航。尝试使用一个与情境相关的例子，例如，可以指着大盒饼干和薯片说，我们可能会出于本能而沉迷于垃圾食品，但这样做会危害健康，所以需要为了健康而调节本能。

这一步的关键在于，要在不引起对方防御或攻击性反应的前提下，让他们意识到：否认事实真相，将会如何阻碍你们前面认可的共同目标的实现（Arkes, 1991）。

第五步：正强化

如果你成功地完成了上述步骤，并且没有激发出对方“战斗或逃跑”的攻击性或防御性反应，那么对方必定会在一定程度上转向现实。此时，还需要继续强化这一倾向。正强化是一种可以用来改变自动驾驶系统中直觉情绪习惯的有效手段（Kamery, 2004），它不仅可以帮助对方巩固已取得的新立场，而且会鼓励他们在未来更快地接受新观念。例如，可以赞扬对方能够跨越自己的好恶，去更新观念，接受令人不自在的事实，这是很多人做不到的。

我曾为一家公司做过咨询，那里的某个经理聘用了一位新员工，尽管部门里的其他人都告诉我这位员工阻碍了团队的发展，经理却拒绝承认这一点。人力资源管理副总裁让我作为独立第三方来帮忙评判。在与这位经理谈话之初，我与她讨论了如何看待现在和未来的员工在部门的长远发展中所扮演的角色。她表达了对公司业绩的担忧，也担心后面再招聘无法得到公司的资助。我对她的担忧予以回应，也明白了她为什么要保护那位不称职的员工。

大致了解了她的“情绪”与“目标”之后，我继而转向了“融洽关系”。我分享了一个以往客户的故事，他们就是因为预算紧张而没法招聘，为此非常沮丧和焦虑。

接下来，我慢慢地以一种最小威胁的方式开始分享“信息”。我请这位经理找出对部门长期绩效目标贡献最大和贡献最小的员工，并分析其原因。我也让她考虑谁对团队精神和组织凝聚力贡献最大，谁拉低了士气和业绩。在交谈中，我还分享了一项关于为什么管理者在绩效评价时会犯错以及如何避免这些错误的研究（Highhouse, 2008）。此外，我强调，如果不去解决某些员工绩效低下的问题，那么对优秀员工的工作效率和留职意愿将会造成损伤（Self, Self, 2014）。

她后来承认这名问题员工表现不佳，的确拖累了整个团队。我们一起合作，为该员工制订了一个主动提升计划，在该计划中，如果他无法达到共同商定的绩效标准，就会被解雇。我称赞她能做出这个艰难的决定很不容易，这一决定意味着要进行一些不愉快的对话和其他令人不舒服的操作，但有益于部门的长远利益。事实上，最优秀的商业领袖都会直面前进道路上的不利事实，这种勇气广受赞赏。福特公司前CEO阿兰穆拉为了拯救公司一再纠正路线错误，就是这样的一个例子（Hoffman, 2012）。

未来的互动

在继续之前，请花几分钟时间写下你对这些问题的回答：

- 你将如何使用上面的方法来帮助那些持有非理性信念的人认识现实？具体而言，你将如何做？你预期会遇到哪些挑战？你将如何克服这些挑战？你会用什么标准来衡量自己是否成功？如果成功，你的人际关系将是什么样子？

小结

有些人有意或无意地将个人信仰置于事实之上，与他们进行争论往往产生破坏性的后果。无谓的争吵伤害感情，破坏关系。

这样的误解源自多种认知偏差，我们可以使用EGRIP来帮助解决。当然，只有当对方确实明显有认知错误时，这招才有用。如果你不确定，可以请一位公正客观的外部观察者，根据已有证据来评估事实是显而易见的，还是可以仁者见仁、智者见智的。如果是后者，千万不要使用EGRIP。

这种技巧的精髓是共情、关怀和支持，向对方说明秉持错误观念不利于共同目标的实现——前提是确实可以找到真正的共同目标，幸运的是，如果我们从眼前争论的事情中退后一步，这并不难。毕竟，谁不想要安全有保障呢？哪个员工不想让公司盈利呢？

从共通的人性角度来看，人与人之间的相似之处远远多于不同之处，我们都想要和平、安全、舒适、幸福、健康和社会支持。重要的是，要聚焦于他人的需求和欲望，挖掘自己能与之共鸣的部分，哪怕这部分不够大也没关系。我建议你先在低风险、低强度的情况下练习这一技巧，不要一上来就用于影响上司，或是在公共电台采访中使用。不过，随着你越来越熟练，就可以自信地去帮助所有与你真诚交往的人，纠正他们的判断错误，帮助其以或大或小的步伐向现实迈进。

参考文献

第一章

Raley, R. K., and L. Bumpass. 2003. "The Topography of the Divorce Plateau: Levels and Trends in Union Stability in the United States after 1980." *Demographic Research* 8: 245–260.

Olivola C. Y., and A. Todorov. 2010. "Fooled by First Impressions? Reexamining the Diagnostic Value of Appearance-Based Inferences." *Journal of Experimental Social Psychology* 46, no. 2: 315–324.

Ariely, D. 2008. *Predictably Irrational: The Hidden Forces That Shape Our Decisions*. New York: HarperCollins.

Kahneman, D. 2011. *Thinking, Fast and Slow*. New York: Farrar, Straus and Giroux.

Gigerenzer, G. 2007. *Gut Feelings: The Intelligence of the Unconscious.* New York: Penguin Books.

Haidt, J. 2007. *The Happiness Hypothesis: Putting Ancient Wisdom to the Test of Modern Science*. New York: Basic Books.

Heath, C., and D. Heath. 2001. *Decisive: How to Make Better Choices in life and Work.* New York: Random House Business Books.

Job, V., C. S. Dweck, and G. M. Walton. 2010. "Ego Depletion—Is It All in Your Head? Implicit Theories about Willpower Affect Self-Regulation." *Psychological Science* 21, no. 11: 1686–1693.

Banaji, M. R., and A. G. Greenwald. 2016. *Blindspot: Hidden Biases of Good People*. New York: Delacorte Press.

Bond, C. F., and B. M. DePaulo. 2006. "Accuracy of Deception Judgments/" *Personality and Social Psychology Review* 10, no. 3: 214–234.

Mele, A. R. 1992. *Irrationality: An Essay on Akrasia, Self-Deception, and Self-Control.* Oxford: Oxford University Press.

Del Giudice, M. 2018. *Evolutionary Psychopathology: A Unified Approach.* Oxford: Oxford University Press.

Arkes, H. R. 1991. "Costs and Benefits of Judgment Errors: Implications for Debiasing." *Psychological Bulletin* 110, no. 3: 486–498.

Beaulac, G., and T. Kenyon. 2014. "Critical Thinking Education and Debiasing (Ailact Essay Prize Winner 2013)." *Informal logic* 34, no. 4: 341–363.

Helmond, P., et al. 2015. "A Meta-Analysis on Cognitive Distortions and Externalizing Problem Behavior: Associations, Moderators, and Treatment Effectiveness." *Criminal Justice and Behavior* 42, no. 3: 245–262.

Lilienfeld, S. O., R. Ammirati, and K. Landfield. 2009. "Giving Debiasing Away: Can Psychological Research on Correcting Cognitive Errors

Promote Human Welfare?" *Perspectives on Psychological Science* 4, no. 4: 390–398.

Cheng, F. F., and C. S Wu. 2010. "Debiasing the Framing Effect: The Effect of Warning and Involvement." *Decision Support Systems* 49, no. 3: 328–334.

Graf, L., et al. 2012. "Debiasing Competitive Irrationality: How Managers Can Be Prevented from Trading off Absolute for Relative Profit." *European Management Journal* 30, no. 4: 386–403.

Tetlock, P. E. 2017. *Expert Political Judgment: How Good Is It? How Can We Know?* Princeton, NJ: Princeton University Press.

Clemen, R. T., and K. C. Lichtendahl. 2002. "Debiasing Expert Overconfidence: A Bayesian Calibration Model." (Presentation at the Sixth International Conference on Probabilistic Safety Assessment and Management [PSAM6], June 27: 1–16.)

Flyvbjerg, B. 2008. "Curbing Optimism Bias and Strategic Misrepresentation in Planning: Reference Class Forecasting in Practice." *European Planning Studies* 16, no. 1: 3–21.

Tetlock, P. E., and D. Gardner. 2016. *Superforecasting: The Art and Science of Prediction.* New York: Random House.

Miller, A. K., et al. 2013. "Mental Simulation and Sexual Prejudice Reduction: The Debiasing Role of Counterfactual Thinking." *Journal of Applied Social Psychology* 43, no. 1: 190– 194.

Kruger, J., and M. Evans. 2004. "If You Don't Want to Be Late, Enumerate: Unpacking Reduces the Planning Fallacy." *Journal of*

Experimental Social Psychology 40, no. 5: 586–598.

Sanna, L. J., et al. 2005. "The Hourglass Is Half Full or Half Empty: Temporal Framing and the Group Planning Fallacy." *Group Dynamics: Theory, Research, and Practice* 9, no. 3: 173– 188.

Galinsky, A. D. 1999. "Perspective-Taking: Debiasing Social Thought. (Stereotyping)." *Dissertation Abstracts International: Section B: The Sciences and Engineering* 60, no. 4-B: 708–724.

Rose, J. P. 2012. "Debiasing Comparative Optimism and Increasing Worry for Health Outcomes." *Journal of Health Psychology* 17, no. 8: 1121–1131.

Gawande, A. 2009. *The Checklist Manifesto: How to Get Things Right.* New York: Henry Holt and Company.

Tsipursky, G., F. Votta, and K. M. Roose. 2018. "Fighting Fake News and Post-Truth Politics with Behavioral Science: The Pro-Truth Pledge." *Behavior and Social Issues* 27, no. 2: 47–70.

Hafenbrack, A. C., Z. Kinias, and S. G. Barsade. 2014. "Debiasing the Mind through Meditation: Mindfulness and the Sunk-Cost Bias." *Psychological Science* 25, no. 2: 369–376.

Kabat-Zinn, J., and T. N. Hanh. 2009. *Full Catastrophe living: Using the Wisdom of Your Body and Mind to Face Stress, Pain, and Illness.* Peaslake, UK: Delta.

第二章

Gawronski, B. 2004. "Theory-Based Bias Correction in Dispositional Inference: The Fundamental Attribution Error Is Dead, Long Live the Correspondence Bias/" *European Review of Social Psychology* 15, no. 1: 183–217.

Bratman, G. N., et al. 2015. "Nature Experience Reduces Rumination and Subgenual Prefrontal Cortex Activation." *Proceedings of the National Academy of Sciences* 112, no. 28: 8567–8572.

Corneille, O., et al. 2001. "Threat and the Group Attribution Error: When Threat Elicits Judgments of Extremity and Homogeneity." *Personality and Social Psychology Bulletin* 27, no. 4: 437–446.

Hewstone, M. 1990. "The 'Ultimate Attribution Error'? A Review of the Literature on Intergroup Causal Attribution." *European Journal of Social Psychology* 20, no. 4: 311–335.

Miller, R. J., L. J. Kern, and A. Williams. 2018. "The Front End of the Carceral State: Police Stops, Court Fines, and the Racialization of Due Process." *Social Service Review* 92, no. 2: 290–303.

第三章

Whitman, W. 1994. *leaves of Grass.* New York: Penguin Books.

Hornsey, M. J. 2003. "Linking Superiority Bias in the Interpersonal and Intergroup Domains." *The Journal of Social Psychology* 143, no. 4: 479–491.

Pulford, B. D., and A. M. Pulford. 1996. "Overconfidence, Base Rates and Outcome Positivity/Negativity of Predicted Events." *British Journal of Psychology* 87, no. 3: 431–445.

Savani, K. et al. 2014. "Culture and Judgment and Decision Making." *Handbook of Judgment and Decision Making*, 456– 477.

Tsipursky, G., F. Votta, and K. M. Roose. 2018. "Fighting Fake News and Post-Truth Politics with Behavioral Science: The Pro-Truth Pledge." *Behavior and Social Issues* 27, no. 2: 47–70.

Finkelstein, S. 2004. *Why Smart Executives Fail: And What You Can learn from Their Mistakes.* New York: Penguin Random House.

Chen, G., C. Crossland, and S. Luo. 2015. "Making the Same Mistake All Over Again: CEO Overconfidence and Corporate Resistance to Corrective Feedback." *Strategic Management Journal* 36, no. 10: 1513–1535.

Garcia, S. M., H. Song, and A. Tesser. 2010. "Tainted Recommendations: The Social Comparison Bias." *Organizational Behavior and Human Decision Processes* 113, no. 2: 97–101.

DeLeire, T., and A. Kalil. 2010. "Does Consumption Buy Happiness? Evidence from the United States." *International Review of Economics* 57, no. 2: 163–176.

Gilovich, T., V. H. Medvec, and K. Savitsky. 2000. "The Spotlight Effect in Social Judgment: An Egocentric Bias in Estimates of the Salience of One's Own Actions and Appearance." *Journal of Personality and Social Psychology* 78, no. 2: 211–222.

Burton, S., et al. 2015. "Broken Halos and Shattered Horns: Overcoming the Biasing Effects of Prior Expectations through Objective Information Disclosure." ***Journal of the Academy of Marketing Science*** **43, no. 2: 240–256.**

Lippi-Green, R. 2012. ***English with an Accent: language, Ideology and Discrimination in the United States.*** **Abingdon, UK: Routledge.**

R. Pingitore, R., et al. 1994. "Bias against Overweight Job Applicants in a Simulated Employment Interview." ***Journal of Applied Psychology*** **79, no. 6: 909–917.**

Carnevale, A. P., N. Smith, and A. Gulish. 2018. "Women Can't Win: Despite Making Educational Gains and Pursuing High-Wage Majors, Women Still Earn Less Than Men." Washington, DC: Georgetown University Center on Education and the Workforce, 1–68.

Higley, S. R. 1995. ***Privilege, Power, and Place: The Geography of the American Upper Class.*** **Lanham, MD: Rowman & Littlefield.**

Coombs, W. T., and S. J. Holladay. 2006. "Unpacking the Halo Effect: Reputation and Crisis Management." ***Journal of Communication Management*** **10, no. 2: 123–137.**

Lucker, W. G., W. E. Beane, and R. L. Helmreich. 1981. "The Strength of the Halo Effect in Physical Attractiveness Research." ***The Journal of Psychology*** **107, no. 1: 69–75.**

Eagly, A. H., et al. 1991. "What Is Beautiful Is Good, but...: A Meta-Analytic Review of Research on the Physical Attractiveness Stereotype." ***Psychological Bulletin*** **110, no. 1: 109–128.**

Critelli, J. W., and L. R. Waid. 1980. "Physical Attractiveness, Romantic Love, and Equity Restoration in Dating Relationships." *Journal of Personality Assessment* 44, no. 6: 624–629.

Watkins, L. M., and L. Johnston. 2000. "Screening Job Applicants: The Impact of Physical Attractiveness and Application Quality." *International Journal of Selection and Assessment* 8, no. 2: 76–84.

Chiu, R. K., and R. D. Babcock. 2002. "The Relative Importance of Facial Attractiveness and Gender in Hong Kong Selection Decisions." *International Journal of Human Resource Management* 13, no. 1: 141–155.

French, M. T. 2002. "Physical Appearance and Earnings: Further Evidence." *Applied Economics* 34, no. 5: 569–572.

Judge, T. A., and D. M. Cable. 2004. "The Effect of Physical Height on Workplace Success and Income: Preliminary Test of a Theoretical Model." *Journal of Applied Psychology* 89, no. 3: 428–441.

Verhulst, B., M. Lodge, and H. Lavine. 2010. "The Attractiveness Halo: Why Some Candidates Are Perceived More Favorably Than Others." *Journal of Nonverbal Behavior* 34, no. 2: 111–117.

第四章

Gilovich, T., and K. Savitsky. 1999. "The Spotlight Effect and the Illusion of Transparency: Egocentric Assessments of How We Are Seen by Others." *Current Directions in Psychological Science* 8, no. 6: 165–168.

Ekman, P., and M. O'Sullivan. 1991. "Who Can Catch a Liar?" *American*

Psychologist* 46, no. 9: 913–920.

Gilovich, T., K. Savitsky, and V. H. Medvec. 1998. "The Illusion of Transparency: Biased Assessments of Others' Ability to Read One's Emotional States." *Journal of Personality and Social Psychology* 75, no. 2: 332–346.

Van Boven, L., T. Gilovich, and V. H. Medvec. 2003. "The Illusion of Transparency in Negotiations." *Negotiation Journal* 19, no. 2: 117–131.

Furnham, A. 2003."Beliefin a Just World:Research Progress over the past Decade."*Personalitty and Lndividual Differences* 34, no. 5: 795-817.

Birch, S. A., and P. Bloom. 2007. "The Curse of Knowledge in Reasoning About False Beliefs." *Psychological Science* 18, no. 5: 382–386.

Coleman, M. D. 2018. "Emotion and the False Consensus Effect." *Current Psychology* 37, no. 1: 58–64.

Mannarini, T., M. Roccato, and S. Russo. 2015. "The False Consensus Effect: A Trigger of Radicalization in Locally Unwanted Land Uses Conflicts." *Journal of Environmental Psychology* 42: 76–81.

Wojcieszak, M. E. 2011. "Computer-Mediated False Consensus: Radical Online Groups, Social Networks and News Media." *Mass Communication and Society* 14, no. 4: 527–546.

Epley, N., et al. 2009. "Believers; Estimates of God's Beliefs Are More Egocentric Than Estimates of Other People's Beliefs." *Proceedings of the National Academy of Sciences* 106, no. 51: 21533–21538.

Welborn, B. L., and M. D. Lieberman. 2018. "Disconfirmation Modulates

the Neural Correlates of the False Consensus Effect: A Parametric Modulation Approach." *Neuropsychologia* 121: 1–10.

Schnall, S., J. Benton, and S. Harvey. 2008. "With a Clean Conscience: Cleanliness Reduces the Severity of Moral Judgments." *Psychological Science* 19, no. 12: 1219–1222.

Gutsell, J. N., and M. Inzlicht. 2012. "Intergroup Differences in the Sharing of Emotive States: Neural Evidence of an Empathy Gap." *Social Cognitive and Affective Neuroscience* 7, no. 5: 596–603.

Loewenstein, G. 2005. "Hot-Cold Empathy Gaps and Medical Decision Making." Health Psychology 24, no. 4S: S49–56.

Nordgren, L. F., K. Banas, and G. MacDonald. 2011. "Empathy Gaps for Social Pain: Why People Underestimate the Pain of Social Suffering." *Journal of Personality and Social Psychology* 100, no. 1: 120–128.

Broockman, D., and J. Kalla. 2016. "Durably Reducing Transphobia: A Field Experiment on Door-To-Door Canvassing, " *Science* 352, no. 6282: 220–224.

第五章

Singer, P. 2015. "The Drowning Child and the Expanding Circle." *Focused Inquiry True Stories Narrative & Understanding*, 320–323.

Fischer, P., et al. 2011. "The Bystander-Effect: A Meta-Analytic Review on Bystander Intervention in Dangerous and Non-Dangerous Emergencies." *Psychological Bulletin* 137, no. 4: 517–537.

Van Bommel, M., et al. 2012. "Be Aware to Care: Public Self-Awareness Leads to a Reversal of the Bystander Effect." *Journal of Experimental Social Psychology* 48, no. 4: 926–930.

Sharot, T., et al. 2012. "How Dopamine Enhances an Optimism Bias in Humans." *Current Biology* 22, no. 16: 1477–1481.

Johnson, D. D., and J. H. Fowler. 2011. "The Evolution of Overconfidence." *Nature* 477, no. 7364: 317–320.

Sharot, T. 2011. "The Optimism Bias." *Current Biology* 21, no. 23: R941–R945.

McKay, R. T., and D. C. Dennett. 2009. "The Evolution of Misbelief." *Behavioral and Brain Sciences* 32, no. 6: 493–510.

SBAOffice of Advocacy. 2012. "Do Economic or Industry Factors Affect Business Survival?" Retrieved from https:// www.sba.gov/sites/default/files/Business-Survival.pdf.

Menon, G., E. J. Kyung, and N. Agrawal. 2009. "Biases in Social Comparisons: Optimism or Pessimism?" *Organizational Behavior and Human Decision Processes* 108, no. 1: 39–52.

McNamara, J. M., et al. 2011. "Environmental Variability Can Select for Optimism or Pessimism." *Ecology letters* 14, no. 1: 58–62.

Alloy, L. B., and A. H. Ahrens. 1987. "Depression and Pessimism for the Future: Biased Use of Statistically Relevant Information in Predictions for Self Versus Others. " *Journal of Personality and Social Psychology* 52, no. 2: 366–378.

Schulz, R., et al. 2002. "Pessimism, Age, and Cancer Mortality." *Psychology and Aging* 11, no. 2: 304–309.

Helweg-Larsen, M., P. Sadeghian, and M. S. Webb. 2002. "The Stigma of Being Pessimistically Biased." *Journal of Social and Clinical Psychology* 21, no. 1: 92–107.

Norem, J. K., and K. S. Illingworth. 1993. "Strategy- Dependent Effects of Reflecting on Self and Tasks: Some Implications of Optimism and Defensive Pessimism." *Journal of Personality and Social Psychology* 65, no. 4: 822–835.

Norem, J. K., and N. Cantor. 1986. "Anticipatory and Post Hoc Cushioning Strategies: Optimism and Defensive Pessimism in "Risky" Situations." *Cognitive Therapy and Research* 10, no. 3: 347–362.

Brehm, S. S., and J. W. Brehm. 2013. *Psychological Reactance: A Theory of Freedom and Control.* Cambridge, MA: Academic Press.

Peper, J. S., and R. E. Dahl. 2013. "The Teenage Brain: Surging Hormones—Brain-Behavior Interactions During Puberty." *Current Direction's in Psychological Science* 22, no. 2: 134–139.

Somerville, L. H. 2013. "The Teenage Brain: Sensitivity to Social Evaluation." *Current Directions in Psychological Science* 22, no. 2: 121–127.

Caprio, L. 2008. "How Can We Help Independent Directors to Escape the 'Obedience Bias'?" *Journal of Management & Governance* 12, no. 2: 201–204.

Deyo, R. A. 2007. "Back Surgery—Who Needs It." *New England Journal of Medicine* 356, no. 22: 2239–2243.

Jacobs, W. C., et al. 2011. "Surgery Versus Conservative Management of Sciatica Due to a Lumbar Herniated Disc: A Systematic Review." *European Spine Journal* 20, no. 4: 513– 522.

Stahel, P. F., T. F. VanderHeiden, and F. J. Kim. 2017. "Why Do Surgeons Continue to Perform Unnecessary Surgery?" *Patient Safety in Surgery* 11, no. 1. https://pssjournal.biomed central.com/articles/10.1186/s13037-016-0117-6.

Graber, M. L. 2013. "The Incidence of Diagnostic Error in Medicine." *BMJ Quality & Safety* 22, no. Supplement 2: ii21– ii27.

an Such, M., et al. 2017. "Extent of Diagnostic Agreement Among Medical Referrals." *Journal of Evaluation in Clinical Practice* 23, no. 4: 870–874.

Berner, E. S., and M. L. Graber. 2008. "Overconfidence as a Cause of Diagnostic Error in Medicine." *The American Journal of Medicine* 121, no. 5: S2–S23.

Tetlock, P. E., and D. Gardner. 2016. *Superforecasting: The Art and Science of Prediction.* New York: Random House.

Tyszka, T., and P. Zielonka. 2002. "Expert Judgments: Financial Analysts Versus Weather Forecasters." *The Journal of Psychology and Financial Markets* 3, no. 3: 152–160.

Choi, Y. J., et al. 2013. "Changes in Smoking Behavior and Adherence to Preventive Guidelines among Smokers After a Heart Attack." *Journal of Geriatric Cardiology: JGC* 10, no. 2: 146–150.

Perkins, D., B. Bushey, and M. Fararady. 1986. *Learning to Reason.*

Cambridge, MA: Harvard Graduate School of Education.

Lakoff, G., and M. Johnson. 1980. *Metaphors We live By.* Chicago: University of Chicago Press.

Niederle, M., and L. Vesterlund. 2007. "Do Women Shy Away from Competition? Do Men Compete Too Much?" *The Quarterly Journal of Economics* 122, no. 3: 1067–1101.

Flynn, D. J., B. Nyhan, and J. Reifler. 2017. "The Nature and Origins of Misperceptions: Understanding False and Unsupported Beliefs About Politics." *Political Psychology* 38: 127– 150.

Peter, C., and T. Koch. 2016. "When Debunking Scientific Myths Fails (and When It Does Not) the Backfire Effect in the Context of Journalistic Coverage and Immediate Judgments as Prevention Strategy." *Science Communication* 38, no. 1: 3–25.

Kahneman, D. 2011. *Thinking, Fast and Slow.* New York: Farrar, Straus and Giroux.

Tsipursky, G. 2017. "How Can Facts Trump Ideology?" *The Human Prospect* 6, no. 4: 4–10.

Mayer, J.D., and G. Geher. 1996. "Emotional Intelligence and the Identification of Emotion." *Intelligence* 22, no. 2: 89–113.

Ames, C. 1992. "Classrooms: Goals, Structures, and Student Motivation." *Journal of Educational Psychology* 84, no. 3: 261–271.

Aggarwal, P. 2005. "Salesperson Empathy and Listening: Impact on Relationship Outcomes." *Journal of Marketing Theory and Practice* 13,

no. 3: 16–31.

Arkes, H. R. 1991. "Costs and Benefits of Judgment Errors: Implications for Debiasing." ***Psychological Bulletin*** **110, no. 3: 486–498.**

Kamery, R. H. 2004. "Motivation Techniques for Positive Reinforcement: A Review." ***Allied Academies International Conference. Academy of legal, Ethical and Regulatory Issues. Proceedings*** **8, no. 2: 91–96.**

Highhouse, S. 2008. "Stubborn Reliance on Intuition and Subjectivity in Employee Selection." ***Industrial and Organizational Psychology*** **1, no. 3: 333–342.**

Self, D. R., and T. B. Self. 2014. "Negligent Retention of Counterproductive Employees." ***International Journal of law and Management*** **56, no. 3: 216–230.**

Hoffman, B. G. 2012. ***American ICON: Alan Mulally and the Fight to Save Ford Motor Company.*** **New York: Three Rivers Press.**

专业词汇表

盲点/认知偏差：

指我们在人际关系及其他生活领域中，容易犯下的系统性的、可预测的判断偏误。这些偏误大多是进化的产物，有的有利于我们从热带草原上存活下来，比如对感知到的威胁产生过度反应，但大都不再适用于现代的生活环境。另外，认知偏差还源于人类认知加工能力的固有局限，比如我们很难准确追踪诸多数据信息。大多数认知偏差来自我们直觉反应带来的错误，即自动驾驶系统的偏误。

自动驾驶系统：

这是一种与情绪、冲动、本能和直觉相关的思维和情感系统，形成于进化早期。该系统以大脑的杏仁核为中心，指导我们的日常习惯，帮助我们作出快速决定，对无论危险与否的日常状况做出即时反应。自动驾驶系统的启动在瞬息之间，且毫不费力，但容易出现系统性的、可预测的偏误。

意识系统：

这是较晚进化出来的用于执行理性思考和社会判断的思维系统。该系统在生理结构上以前额叶皮层为中心，可以帮助人们处理更为复杂的心理活动，比如调控个人与群体的关系、进行逻辑推理和概率思维、学习新的信息，以及习得新的思维和行动模式。意识系统需要有意努力才能启动，而且其活动过程是耗费精力的。我们可以训练意识系统，使其在自动驾驶系统容易出现系统性的可预测偏误时加以启动。

基本归因偏差：

指人们倾向于把他人的行为（错误地）归因于行为者的人格，而不是他身处的情境背景。

群体归因偏差：

指人们可能会错误地认为群体中个体成员的特点可以反映整个群体的特征，反之，人们也相信群体的总体偏好决定了其成员个体的偏好。

终极归因偏差：

指如果我们不喜欢的群体出现问题，我们倾向于将问题归因于群体内部特征，而不是外部情境；如果我们喜欢的群体出现问题，我们的归因倾向会相反，更多考虑情境因素。

虚幻优越感：

指人们倾向于高估自己的积极品质，而忽视消极品质。

社会比较偏差：

指人们往往会与自己所在群体的其他成员进行比较，在能带来社会地位的各种活动或各类物质上彼此竞争，不仅总想胜人一筹，而且常常不惜诋毁比我们更优秀的人。

自我中心偏差：

指我们倾向于将集体的成功归功于自己，而将集体的失败诿责于他人。

尖角效应：

指如果我们不喜欢一个人的某个方面，特别是当这方面使他在我们有归属感的群体中显得太与众不同时，我们就会过于严厉地评判他。

晕轮效应：

指当人们非常喜欢某人身上的一个特征，特别是当觉得这个特征属于自己所在群体时，就会对此人身上的其他特征抱有过于积极的评价。

透明度错觉：

指人们会大大高估他人对自己的感受、想法和信念的感知程度。

知识诅咒：

指在我们已经知晓某个主题的信息之后，就很难忆起自己不知道这些信息时的状况。我们常常会忘记别人并不知道我们知道的信息，低估学习这些信息对对方的难度，因此无法就某个话题与比我们知晓更少的人进行有效沟通。

虚假共识效应：

指人们往往过度高估自己的朋友、家人、同事及其他人对自己想法的认同程度，在头脑中形成一种虚幻的结盟感。

共情鸿沟：

指人们往往会低估情绪唤起状态对自己或他人所发挥的影响。

旁观者效应：

指在危急状况下，假如我们是唯一能提供帮助的人，那么伸出援手的可能性比较大；相反，危急现场目击者越多，即潜在可以施救的人越多，那么每个人伸出援手的可能性就越小，就越倾向于袖手旁观。

乐观主义偏差：

指人们倾向于低估未来消极事件发生的可能性。

悲观主义偏差：

指人们倾向于高估未来出现危险的可能性。

抗拒心理：

指当某人或某事限制我们的行为自由或选择范围时，我们容易产生抗拒的负面情绪。

权威偏差（又称服从偏差）：

指人们倾向于重视并服从他们眼中的权威，重视和服从的程度超过实际应有的水平。

EGRIP：

这是一种可以帮助那些持有明显与事实不符的非理性信念的人破除遮挡其视野的情感障碍，促使其看清现实的方法。它由五个步骤组成，每个步骤的英文首字母组合在一起就是EGRIP：①识别妨碍对方承认真相的潜在情绪（emotions）；②建立共同的目标（goals），其中包括认清现实；③通过将自己置于对方的观念阵营来建立融洽（rapport）关系；④分享通过看清现实，从而更好地达成共同目标的信息（information）；⑤当对方稍有一些积极的转变，就给予正强化（positive reinforcement）。

过度自信效应：

指人们倾向于对现实做出过于自信的评价。

后记

“千万别进去，怪兽就在门后！”在看恐怖电影时，你可曾有过这样的想法？现在你已经读过这本书，在你看到有人即将落入本书讨论的心理盲点陷阱时，可能也会闪过这个想法。

我知道你会这样想，是因为每当我从刚发表的认知偏差论文中了解到最新发现时，每当我看到周围人因为这些危险的判断错误而伤害自己的人际关系时，我就开始冒出同样的想法。当然，我也有犯错误的时候。当我的心理盲点伤害自己和所关心的人时，我就开始反思整个过程，为此尴尬不安。我会做一些类似于你们在这本书中所做的练习，在此过程中意识到自己的直觉反应损害了人际关系及其他生活领域，这让我感到羞愧和自责。

尽管令我不舒服，但我还是愿意去完成这些练习，这是因为研究清楚地表明，解决认知偏差的一个前提就是我们要看清这些偏差过去是如何伤害我们的，现在又是如何伤害我们的。只有这样，才能为克服心理盲点奠定基础，我们也才有动力在今后的生活中使用本书讨论的12种纠偏策略。请把这本书放在触手可及的地方，把这篇后记作为12种策略的备忘录，必要时也可以参考第一章对12个策略更全面的描述。

- 识别认知偏差，制订解决方案
- 延迟决策和反应
- 使用“概率思维”
- 预测未来
- 考虑其他解释
- 回想过去
- 设想场景重现
- 换位思考
- 获得外部视角
- 制定规则
- 事先承诺
- 正念练习

我希望你有强烈的愿望保护自己的人际关系不受伤害，表现出对自己的关怀和对你想与之交好之人的关爱，不仅让关系延续下来，而且在未来茁壮成长——书中的练习对此很有帮助。如果你想帮助其他人摆脱由认知偏差导致的非理性思维模式，那么一定要广泛地学习、实践和使用EGRIP。

我的忠告是：不要告诉别人你在他的行为中看到了什么认知偏差——我多么希望有人能穿越时空把这句忠告告诉过去的我自己。在早期学习认知偏差时，由于虚幻优越感和知识诅咒的共同作用，我喜欢向别人指出他们的问题。虽然只是想要提醒，但表现得像是在攻击，他们的自动驾驶系统也使其对我做出防御反应。这段经历启发我着手研究如何有效地帮助一个人从非理性思维模式中解放出来，EGRIP就是这样的一套有效方法。

另外，即使你了解认知偏差，也要小心陷入那种认为自己没有认知偏差的虚幻优越感中。我知道这些危险的判断错误已经有十多年了，可是直到2014年，我和妻子在启动非营利的“有意洞察”活动时发生了严重冲突，我的乐观主义偏差和她的悲观主义偏差之间的张力才凸显出来。在你经历生活和人际关系的变动时，不可避免让有些认知偏差更加凸显，而另一些认知偏差则会减弱。建议把这本书放在手边，当你和所爱的人经历生活变动时，请重新阅读并重做练习。

如果你只能记住本书的一个观点，我希望是，“对经营健康的人际关系而言，你感觉最舒服的做法往往恰好是错误的”。我们的舒适所在，也就是自动驾驶系统给出的选项，是祖先适应热带草原生活的进化结果。在那个环境下，人类生存与否仰赖于所在的小部落和强大的“战斗-逃跑”反应。然而，以全球化和文化多元为特征的当今时代与我们祖先所在的热带大草原时代相去甚远。未来科技将进一步加快时代变化的节奏，祖先部落的那一套只会越来越不适用。不断加快的时代步伐意味着人类的本能反应将越来越不适应现实，依赖自动驾驶系统只会导致人际关系走向崩塌。

因此，我期望你认识到这一范式的转变，采用反直觉的、不舒服的、富有成效的意识系统来纠偏，解决人类普遍存在的系统性且可预测的认知偏差。做到这一点，我们的人际关系不仅可以维持和延续，而且会在未来蓬勃发展。衷心祝福你拥有健康的人际关系，请记住：你塑造人际关系的能力远比直觉告诉你的要强大得多！

致 谢

人际关系方面比较传统的建议都是强调遵循直觉、相信感受、凭直觉行事，与这些信念背道而驰，将是一段孤独的旅程。我非常感谢许多人冒着与我同行的风险，脱离主流，追随前沿研究所支持的反直觉理念，正是这一理念让人们避免危险的判断错误，获得人际关系的延续和滋养。只有在他们的支持下，我才能尽自己的力量来解决一些人的痛苦，这些人要么听从直觉，要么听信糟糕的人际关系建议，最终受困于认知偏差，进而遭受人际关系的损伤甚至终结。

我现在（希望是永远）极为幸运地拥有一位人生伴侣，她也是我最好的朋友和商业伙伴。阿格尼丝·维什涅金（Agnes Vishnevkin），我真的无法想象没有你我的生活将会怎样。你所给予的无论是生活上的支持，还是专业上的帮助，都是促成我完成这本书的最重要因素。

还要感谢那些对本书旧版提出反馈意见的读者，这样的读者有太多太多，无法一一列举。十分感谢大卫·麦克雷尼（David McRaney）在前言中分享了他的想法。

非常感谢新先驱（New Harbinger）出版社里所有协助此书问世的

人们。我要特别致谢我的编辑伊丽莎白·霍利斯·汉森（Elizabeth Hollis Hansen）、凯莱布·贝克威思（Caleb Beckwith）和温迪·米尔斯坦（Wendy Millstine），他们提出的各方面明智建议对最终的作品具有至高价值。

最后，我要感谢你们，本书的读者。没有你的阅读，我的工作就没有意义。非常希望这本书能帮助你避免危险的判断错误，远离关系困境。

译者后记

2020年底，化学工业出版社请我为齐珀斯基博士的*The Blindspots Between Us*一书推荐译者时，恰逢我给研究生一年级学生讲授《组织行为学》之际。在这门课上，我们曾花较长时间探讨认知偏差对组织中人际关系的影响，所以看到该书后，我感觉让同学们尝试阅读和翻译，不啻为很好的课程补充。

研究生们初步翻译了正文章节，分工如下：第一章王昊和童婧宜，第二章卞婷婷，第三章杨西鹏、何子娴，第四章陈超和任凤梅，第五章严润杰、孙音李和李琴瑛。我在此基础上进行反复修改和润色，并翻译了本书的其他所有内容。小女杨淇帆英文出色，她在我体力不支之际，协助翻译和修正了一些非专业内容，并帮我统整文稿格式。最终我对书稿进行了整体性的全面审校，书稿翻译质量由我负责。

本书从开工翻译到付梓，恰是从寒假到暑假，其间多有波折，感谢学生们和女儿的协助，感谢出版社赵玉欣老师的支持和体谅，感谢其他为本书出版默默耕耘的编辑老师们。

郭晓薇